移転価格
「マスターファイル」の
作成実務

鈴木康伸・山田崇弘・森 信夫 編著
SUZUKI, Yasunobu　YAMADA, Takahiro　MORI, Nobuo

中央経済社

はしがき

　本書は，BEPS最終報告書に対応して各国の税務当局が進める移転価格税制の新ルールに則りグローバルに活動するわが国の企業が，<u>マスターファイルを作成するにあたりどのように対応すべきか</u>を，講義形式でわかりやすく解説する指南書です。

　BEPS最終報告書の行動計画13では，マスターファイル，国別報告書，ローカルファイルの３層構造の移転価格文書を企業に作成させることとしています。

　海外に展開する日系企業は，進出国の税制に従い，海外子会社の移転価格文書，いわゆる"ローカルファイル"を作成してきていますので，ローカルファイルについてはある程度，馴染みがあります。また，国別報告書は標準フォームが開示されており，金額の記入を主とするものですので，情報の入手に工夫が必要であるものの，必ずしも専門的判断を要するものではありません。

　その一方で，マスターファイルに関してはBEPS最終報告書13のなかでも概括的にポイントが記載されているのみであり，具体的に何をどこまでどのように記述するかの実務は各国の税務当局および企業自身に委ねられています。そのようななか，われわれは五里霧中のマスターファイル準備の実務において，ロードマップを示す必要を痛感しました。

　われわれの提案するマスターファイルは，以下の原則に基づいて作成，準備することを目指します。
　(1)　最初から完璧を目指さない。まずは社内で共有できる「たたき台としてのマスターファイル」を作成する。
　(2)　「拙速は巧遅に勝る」(拙速対応の重要性を述べた孫子の兵法書の格言)。海外税務当局を意識し，早期に準備を始める。
　(3)　社内リソースを最大限活用する。専門家に丸投げしない。

マスターファイルは，皆さまの企業グループの経済活動を記述する文書であり，アニュアルレポートなどの公開資料と同じく，会社が作成して更新していくべき文書です。道案内役としての専門家は必要ですが，社内の人員で作成できないような難しい文書ではありません。本書で，マスターファイルのイメージを持って早速準備にとりかかりましょう。

　本書の著者である鈴木康伸，山田崇弘と森信夫は，長年，移転価格の実務に関わっている専門家です。マスターファイルに関連する各国の法規制は日々刻々と変化していますので，必要な情報を各人の所属する企業のウェブサイトを通じて定期的に入手されることをお薦めします。

　最後に，本書の出版にあたり，中央経済社の坂部秀治氏には大変お世話になりました。心よりお礼を申し上げます。

2016年8月

編著者

鈴木康伸
山田崇弘
森　信夫

CONTENTS

はしがき

第1章
マスターファイルの背景と法規

1 BEPS最終報告書13におけるマスターファイルの規定内容 ――― 3

1-1 移転価格文書化の目的 ……………………………………………… 3
1-2 3層構造アプローチ ………………………………………………… 4
(1) 国別報告書　5
(2) ローカルファイル　5
(3) マスターファイル　6

1-3 マスターファイルの特徴 …………………………………………… 6
(1) 概括的であるということ　6
(2) 事業分野別での作成　7
(3) 記載項目　7
(4) 作成義務者と提出方法　10

2 本邦税制における移転価格文書関連規定の内容 ――― 12

2-1 マスターファイル関連規定 ………………………………………… 12
2-2 ローカルファイル関連規定 ………………………………………… 15
(1) 本邦税制における記載項目と留意点　16
(2) BEPS最終報告書13における記載項目と留意点　18

3	中国移転価格関連税制にみるマスターファイルの規定内容 ———— 20
3-1	記載項目 ……………………………………………… 20
3-2	作成義務者と作成期限 ……………………………… 23

第2章
マスターファイルのテンプレート

0	全体像 ———————————————————— 26
1	事業の概要 ———————————————————— 29
1-1	主要法人リスト …………………………………… 29
1-2	主要法人の持分関係および所在地 ……………… 31
1-3	関連取引関係図 …………………………………… 33
1-4	主要製品の概要 …………………………………… 34
1-5	主要製品の機能，利用法，特徴および主要な競争事業者 … 35
1-6	セグメント別売上高 ……………………………… 37
1-7	地域別売上高 ……………………………………… 38
1-8	重要な組織再編 …………………………………… 39
2	業界分析 ———————————————————— 40
2-1	市場の概要 ………………………………………… 41
2-2	重要な成功要因 …………………………………… 42
3	機能・リスク分析 ———————————————— 45

| 3-1 | 棚卸資産取引の機能・リスク―機能分析 …………… 45
| 3-2 | 棚卸資産取引の機能・リスク―リスクおよび重要な資産 … 49
| 3-3 | 棚卸資産取引の機能・リスク―会社別機能分類表 ………… 52
| 3-4 | 棚卸資産取引の機能・リスク―会社別リスク分類表 ……… 53
| 3-5 | 棚卸資産取引の機能・リスク―会社別資産分類表 ………… 55
| 3-6 | 棚卸資産取引の機能・リスク―形態別分類表 ……………… 56

4　バリューチェーン分析 ― 59

| 4-1 | XXX 製品におけるバリューチェーンの概要 …………… 60

5　無形資産取引 ― 62

| 5-1 | 無形資産の開発，所有，管理および使用の方針 …………… 62
| 5-2 | 重要な無形資産および法的所有者リスト ………………… 64
| 5-3 | 無形資産の開発状況 …………………………………… 65
| 5-4 | 無形資産に関する契約―技術使用許諾契約 ……………… 67
| 5-5 | 委託研究開発契約 …………………………………… 68
| 5-6 | 無形資産のグループ内移転 ……………………………… 70

6　役務取引 ― 72

| 6-1 | グループ内役務取引の概要 ……………………………… 72
| 6-2 | グループ内役務取引の概要（役務形態別） ……………… 73

7　金融取引 ― 76

| 7-1 | 金融活動の概要 ………………………………………… 76

| 7-2 | キャッシュプーリングの概要 | 78 |

添付1　連結財務諸表の状況　80
添付2　APAの状況　81

第3章
マスターファイル作成の要点

1	"早めに""ユルく"始める	84
2	社内体制の構築と進め方	86
	2-1　2段階チーム編成	86
	2-2　作業分担	88
	2-3　作業フロー	90
	2-4　作業スケジュール	91
3	情報の取得と整理	92
	3-1　必要情報の収集	92
	3-2　関連会社情報の整理	94
4	精緻化に向けて	96

第4章
マスターファイルの個別論点

| 1 | 移転価格算定方法の選択―TNMMかRPSMか | 100 |
| | 1-1　TNMMは万能なのか？ | 100 |

| 1-2 | TNMM と RPSM の選択における検討要素 …………… 101

2 無形資産の個別論点 ─────────── 103

| 2-1 | 経済的所有権のある無形資産 ……………………… 104
| 2-2 | 無形資産の評価 …………………………………… 106
　(1)　無形資産の特定　107
　(2)　無形資産の法的所有者の特定　107
　(3)　無形資産の経済的所有者の特定　107
　(4)　無形資産の価値評価　108
| 2-3 | 無形資産の対価回収手段 …………………………… 111
| 2-4 | 無形資産と役務の混合取引 ………………………… 116
| 2-5 | 無形資産取引と役務提供取引の峻別 ……………… 117

3 本社の提供する役務の合理的な対価回収と移転価格ポリシー ─────────── 118

| 3-1 | 本社の提供する役務（IGS）の合理的な対価回収 ………… 118
　(1)　ステップ1：全体像の把握　119
　(2)　ステップ2：機能別分類　120
　(3)　ステップ3：有償性の判定　123
　(4)　ステップ4：配賦指標の選定　125
　(5)　ステップ5：本来役務と付随役務の判定　126
　(6)　ステップ6：算定方法とマークアップ率選択　128
| 3-2 | IGS 関連資料の収集と保管 ………………………… 129
| 3-3 | IGS 回収の子会社所在国での実務上の要点 ………… 130
| 3-4 | 役務提供取引の移転価格ポリシー ………………… 132

4	金融取引の個別論点 ——————————————— 134
4-1	グループ内金融取引に関する移転価格文書の記載項目 …… 134
4-2	グループ間ローン ………………………………………… 135
4-3	グループ間保証取引 ……………………………………… 136

第5章
中国の移転価格文書関連規定と
当局によるマスターファイルの具体的利用

1	移転価格文書関連規定（42号通達）の概要 ——————— 140
1-1	関連者との取引に関する税務申告 ……………………… 140
1-2	マスターファイル ………………………………………… 142
1-3	ローカルファイル ………………………………………… 146
1-4	特定事項ファイル ………………………………………… 151
1-5	移転価格関連文書をまとめるにあたっての要点 ………… 152
2	移転価格算定方法 ——————————————————— 153
3	移転価格調査および更正 ———————————————— 155
4	無形資産 ——————————————————————— 158
5	移転価格調査の実務と当局の視点 ———————————— 159

おわりに——— 163

巻末資料

1. BEPS最終報告書13「移転価格文書および国別報告」(抜粋) ──── 166
2. 本邦税法における移転価格税制関連規定 ──── 179
3. 中国の移転価格文書関連規定(42号通達)および特別納税調整実施弁法(2009年2号通達) ──── 195

第1章

マスターファイルの背景と法規

OECD租税委員会は2015年10月，OECD BEPS行動計画に関する最終報告書に係る発表を行いました。BEPS（ベップス）は"Base Erosion and Profit Shifting"の略であり，「税源浸食と利益移転」と訳されます。

　いくつかの巨大多国籍企業が国を跨いでの過度な節税プランを実施し問題視されたことを端緒として，OECDという国際組織が音頭をとり，課税ルールや開示様式，情報交換システムの整備などの原則を，加盟国のみならず中国，インドなどG20の主要加盟国も含めて定めようと15のプロジェクトチームが立ち上がりました。その結果として最終報告書がまとめられたというわけです。

　BEPS行動計画のうち，本書では行動計画13「多国籍企業の企業情報の文書化」を取り上げます。

　BEPS最終報告書の行動計画13（以下，BEPS最終報告書13）では，各国の税務当局が移転価格リスク評価や調査を行うにあたり，納税者が十分に情報を提供し透明性を高めることがBEPS問題に対処するうえで重要であると指摘しており，3層構造からなる移転価格文書の作成を各国に指針として提案しています。各国はこの指針に基づき，自国で，関連する税法・規定を整備して実施することになります。

　したがって，作成すべき移転価格文書は，大まかにいえば「BEPS最終報告書」にて指針として出された作成範囲と項目に従い準備を進めればよいのですが，運用にあたっては各国の税法・規定の制定，施行に準拠しますので，自社グループの子会社が所在する「各国の移転価格（文書）関連法規」および日本本社の所在する「わが国の移転価格（文書）関連法規」の内容にも注意しておかなければなりません。

1 BEPS最終報告書13における マスターファイルの規定内容

では以下で，移転価格文書化の目的，3層構造アプローチおよびグローバルマスターファイル（GMF）の特徴について解説しましょう。なお，本書ではEUで先行して導入された欧州マスターファイルと区別するために，時に，グローバルマスターファイルという表現を用いていますが，BEPSでいうところのマスターファイルと同じものです。

1-1 移転価格文書化の目的

BEPS最終報告書13のパラグラフ5には，移転価格文書化の目的が記載されています。図表1-1にある3項目ですが，文書化の目的としていわんとしていることをわかりやすく伝えるために，順序を変えて意訳していますのでご注意ください。詳しくは巻末資料1をご覧ください。

移転価格文書化の目的は，税務当局が企業の移転価格リスクを評価し，税務調査のための有用な情報を入手すること，がまずあります。そのうえで，文書化の過程で，関連者間取引の価格に歪みがあるとか，結果としての各グループ会社の最終損益のバランスが悪いなど，納税者が自ら気づいて改めること（修正申告すること），が付随的な目的として挙げられています。

当局が知りたい情報は国によりさまざまでしょう。発展途上国（先進国企業の進出先であることが多い）の税務当局は，親会社企業情報の開示を求めるでしょうし，親会社企業所在国の税務当局は税制上優遇されている子会社の情報を知りたがります。しかしながら，すべてをさらけ出していたのでは企業の負担はたまったものではありません。BEPSプロジェクトでは企業の声が大きく反映された結果，3層構造アプローチによる情報の開示を行うことで意見が一

> 図表1-1　文書化の目的と３層構造アプローチ，GMFの特徴

- ➤ **移転価格文書化の目的（BEPS13-パラ５）**
  - a．税務当局がリスク評価を実施するために必要な情報を入手しやすくする
  - b．税務当局が税務調査を実施するために有用な情報を入手しやすくする
  - c．納税者が関連者間取引を含む所得申告を正しく行うよう気づかせる
- ➤ **３層構造アプローチ（BEPS13-パラ16，17）**
  - a．各国税務当局が見やすいように移転価格文書を標準化する
  - b．企業グループ全体に共通する基本情報をマスターファイルにまとめる
- ➤ **GMFの特徴（BEPS13-パラ18，19，20）**
  - a．経済，法務，財務，税務の観点から概括的な内容を提供する資料
  - b．決して細目まで詳細に記載する必要はない（特許のすべての列挙は不要）
  - c．提供すべき情報の重要性判断は納税者が正しく行うべし
  - d．ある情報を省略することで全体の信頼性を失わせるのであれば記載すべき
  - e．事業分野別でのGMF作成も可能。事業間の管理機能や取引内容を記載
  - f．GMFは企業グループ全体の青写真であり以下の５項目を含む
    1) 組織構成
    2) 事業の概要
    3) グループ内無形資産取引
    4) グループ内金融活動
    5) 財務・税務の状況

致しました。

1-2　３層構造アプローチ

　３層構造アプローチとは，企業が作成すべき文書を，(1)マスターファイル，(2)国別（CbC）報告書，(3)ローカルファイルの３層とするものです。各国の税務当局が参照すべき各文書の作成指針はBEPS最終報告書に書かれています。

(1) 国別報告書

　<u>国別報告書</u>は，"Country by Country Report"または"CbCレポート"と呼ばれるものです。グローバルの活動内容の「結果」をテンプレートに沿って1枚の表にまとめるというものであり，これによって各国別の収入金額，利益額，納税状況と，従業員数や有形資産などの「外形情報」が一覧で提供されることになります。

　作成義務者は，BEPS報告書では連結売上高が7.5億ユーロ以上の最終親事業体（Ultimate Parent Company），わが国の基準では「連結総収入金額が1,000億円以上の多国籍企業の最終親事業体」となります。

　国別報告書の入手を希望する海外の税務当局は，自国の子会社に親会社の作成する当該資料の提出を要請するのではなく，「情報交換方式」と呼ばれる，税務当局間の情報交換制度を用いて税務当局間で資料を入手することとなります。

(2) ローカルファイル

　<u>ローカルファイル</u>は，各国に所在する，一定の基準値を超える（中国であれば棚卸資産関連取引が年2億元以上など）法人に，関連者間取引に関する詳細な情報と，取引価格（利益）の合理性を証明する文書を求めるというものです。わが国では，「ある国外関連者との棚卸資産取引が50億円以上または無形資産取引が3億円以上」の法人に作成義務を課すこととされており，わが国に所在する外国多国籍企業の日本子会社だけでなく，日本に最終親事業体を有する日系企業本社も作成する必要があります。

　ローカルファイルは，自国の税務当局が自国に所在する企業の税務調査を目的として，当該企業に提出を直接求めることができます。また，一般には自国以外の親会社や他国に所在する取引相手の関連者のローカルファイルの提出を求めることはありません。

(3) マスターファイル

さて，本書のテーマであるマスターファイルとはどういうものでしょうか。
マスターファイルは，すべてのグループ企業にとっての「共通で統一化された情報」で「グローバルビジネスの全体像」の説明を提供することを求めるもので，その作成は国別報告書の作成義務者である最終親会社が担当すると考えるのが自然です。マスターファイルの主たる利用者は，親会社所在国のみならず関連子会社の所在する各国の税務当局です。各国の税務当局は自国に所在する子会社に提供義務を課し，期限内の提出を求めます。使用言語は，日本の税務当局が内国法人から提供を受けるマスターファイルは「日本語又は英語」とされていますが，中国の税務当局が在中国の日系企業法人に求める日本の最終親会社の作成するマスターファイルは，中国語であることを求めています。今後，各国の税務当局が便宜のために自国語での翻訳版を求めてくることは十分予想しておくべきでしょう。

1-3 マスターファイルの特徴

(1) 概括的であるということ

マスターファイルとは，"経済，法務，財務，税務の観点から概括的な内容を提供する資料"であるとされ，"決して細目まで詳細に記載する必要はない"という特徴を有しています。たとえば，グループの保有するすべての特許を列挙することは不要であり，移転価格に関係する重要な特許のみを開示すべし，とされます。

ここで判断に迷うのが"重要性の判断基準"です。BEPS 報告書では，"提供すべき情報の重要性判断は納税者が正しく行うべし"と規定されており，最終判断は納税者に委ねられています。重要性の概念は，"ある情報を省略する

ことで全体の信頼性を失わせるようであれば記載すべき"というようにざっくりと書かれているだけです。このあたりは、実務的に難しい判断を迫られそうですが、本書のアプローチは「まずは及第点のマスターファイルを作る！」ことにありますので、こんなところでもたもたしているわけにはいきません。先に進みましょう。

(2) 事業分野別での作成

同一グループ内に関連性の薄い事業分野が複数ある場合には、マスターファイルを事業分野別で作成することも可能です。ただしこの場合は、資金調達や管理サービスなどのグループ集中機能や事業部間取引など横断的な機能や取引がわかるように、統合マスターファイルを作成すべきとされます。

(3) 記載項目

マスターファイルは企業グループ全体の青写真であり、以下の5項目を含むものです。
① 組織構成
② 事業の概要
③ グループ内無形資産取引
④ グループ内金融活動
⑤ 財務・税務の状況

図表1-2に、BEPS最終報告書13のチャプター別添1「移転価格文書～マスターファイル」に掲げられた記載項目をまとめましたので、ご覧ください。

詳細は本書の第2章に譲るとして、ここではマスターファイルが、各国の税務当局にグループの概要を理解させるための概括的な資料であることを知っていただければよいと思います。全体像を理解するにあたっては詳細に過ぎればいいというものではなく、端折り過ぎてもまたダメなことはおわかりかと思い

ます。重要性の判断をうまく効かせた，簡潔，明瞭なマスターファイルの作成が期待されているのです。

図表1-2　BEPS最終報告書13 別添1～マスターファイルの記載内容

項　目	内　容
組織構成	持分関係および事業体の所在地を示した図
事業の概要	営業収益の重要なドライバー
	主要5事業（売上高の5％以上を占める製品・役務）のサプライチェーンの概要，図表等 主要製品および役務提供の主なマーケットの地理的説明
	グループ間の重要な役務提供契約（R&D役務を除く）リストおよび概要説明 重要な役務を提供する主要拠点の機能の説明 役務コストの分配とグループ間役務提供の価格決定に関する移転価格ポリシー
	簡略的な機能分析の説明 グループの主要企業の価値創造に対する主な貢献，主たる機能，負担する重要なリスクおよび使用している重要な資産の説明
	重要な事業再編取引（事業の買収，売却など）の説明
無形資産	無形資産の開発，所有，活用に関する包括的戦略の概要：主要なR&D施設とR&Dマネジメントの所在地など
	移転価格上重要な無形資産の名称および法的所有事業体のリスト
	無形資産に関係する事業体間の重要な契約リスト：費用分担契約，研究役務提供契約，ライセンス契約など
	R&Dと無形資産に関するグループ移転価格ポリシー
	重要な無形資産譲渡の概要説明（関係事業体，所在国，対価）
金融活動	グループの資金調達方法の概要：非関連者との重要な資金調達取決めなど
	グループ内で主要な金融機能を果たす企業の所在地等の記述
	金融取決めにかかるグループ移転価格ポリシー
財務・税務の状況	連結財務諸表または他の規則，管理会計，税務等の目的で作成される財務報告
	締結しているユニラテラルAPAおよび国家間の所得配分に関するその他の税務ルーリングのリストと簡単な説明

(4) 作成義務者と提出方法

グローバルマスターファイル（GMF）の作成義務者と提出方法につき，国別報告書（CbCレポート）との対比でみていきましょう（図表1-3）。

マスターファイルの作成義務者は，BEPS報告書上では明示的に記載されていないのです。また，国別報告書では作成免除基準として"連結売上高7.5億ユーロ未満"という金額基準が設定されていますが，これもマスターファイルでは見受けられません。グローバルに跨る活動を記録するものであるために多国籍企業の最終親事業体が作成するのが自然ではありますが，子会社で作ることを排除するものではありません。

BEPS報告書を受けて公布された（あるいは予定稿の公開された）各国の移転価格文書化規定をみてみると，各国のローカルファイル作成基準と同等の金額基準でマスターファイルの提出を要求していることが多いように見受けられ

図表1-3 マスターファイルとCbCレポートの取扱いの相違点

	CbCレポート	マスターファイル
作成義務者	7.5億ユーロ以上の究極の親会社	特段の記載なし（最終親会社と想定）
提出方法	情報交換方式	各国税務当局の要請に応じて（所在地の子会社を通じた）直接提出（パラ49）

➢ 作成義務者についてはBEPS最終報告書13での記載がないものの，最終親会社による作成を想定。提出方法は子会社を通じた直接提出。
➢ 各国税務当局のマスターファイル提出義務免除の総収入金額基準は以下のとおり（円換算額は2015年末時点の為替レートによる概算，以下同じ）。
　✓ 日本：1,000億円
　✓ オーストラリア：10億A$（780億円）
　✓ 中国：10億元（150億円）
　✓ スペイン：4,500万ユーロ（53億円）
　✓ メキシコ：6億4,400万メキシコ・ペソ（36億円）

ますが，中国ではローカルファイルの2億元基準より高い10億元という設定になりました。

マスターファイルの提出方法としては，国別報告書の情報交換方式（税務当局間の情報交換制度を用いて税務当局間で資料を入手すること）とは異なり，各国税務当局の要請に応じ，所在地のグループ法人を通じて当該マスターファイルを"直接提出"する方式が採用されました。

ここには，最終親事業体の所在国がいくらマスターファイルの作成免除基準を定めたとしても，各国の当局が提出を求めてきた場合に提出を拒むことができない，という極めて実務的な，頭の痛い問題が存在しています。

わが国のマスターファイル（「事業概況報告事項」と呼ばれます）の作成義務基準は，連結総収入金額が1,000億円未満の多国籍企業グループについて，作成を免除すると規定されています。一方，中国のマスターファイル提出基準は関連取引高10億元（約150億円）です。日本の親会社が売上200〜300億円規模の法人で，中国に主たる製造子会社を保有する場合には，日本でマスターファイルの作成が免除されるものの，中国当局から提出を要求されるためにマスターファイルを作らざるを得ない状況が想定されます。スペインやメキシコに子会社を持つ日本法人では，なおさら低い売上高でもマスターファイルを作らなければなりません。このあたりは是非，2020年に見直しが予定されるBEPSプロジェクトの課題として取り上げ，作成義務者を最終親事業体とし，作成免除の共通の金額基準を定めることで，各国が自国の基準でむやみに提出を求めることのないように取り計らってほしいものです。

ここでは各国の税務当局が自国の基準でマスターファイルの提出を求めてくる現実を前提に，どこの国に出しても必要かつ十分なマスターファイルを作成できるように準備を進めることとしましょう。

2 本邦税制における移転価格文書関連規定の内容

2-1 マスターファイル関連規定

まずは，わが国の移転価格文書化法制におけるマスターファイル関連規定をみてみましょう（図表1-4）。

マスターファイルは，わが国の税法上は「事業概況報告事項」と呼ばれ，最終親事業体の会計年度終了の日の翌日から1年を経過する日までに，e-Taxにより税務署長に提供しなければならない，とされます。日本では作成義務だけではなく提出義務となっています。

多国籍企業グループは連結財務諸表を作成すべき企業集団で，税務上の居住地国が異なる2以上の事業体を含むもの，とされます。

図表1-4　移転価格税制に係る文書化〜マスターファイル

```
事業概況報告事項（マスターファイル）
提出時期：最終親事業体の会計年度終了の日の翌日から1年以内
提出方法：e-Taxにより税務署長に提供（作成義務のみならず提出義務あり）
多国籍企業グループの範囲：連結財務諸表を作成すべき企業集団で，複数の居住
                        地国に事業体を有するもの
構成事業体の範囲：連結子会社，規模の重要性を理由として連結の範囲から除外
                される事業体も含む場合あり
事業報告事項：BEPS最終報告書13 別添1に準ずる
提供義務者：多国籍企業グループの構成事業体である内国法人およびPE（恒久
          的施設）を有する外国法人
提供義務の免除：連結総収入が1,000億円未満の多国籍企業グループ
使用言語：日本語または英語
適用時期：2016年4月1日以降に開始する最終親会計年度から適用
```

構成事業体は連結子会社を中心とすることは当然ながら，連結の範囲から除外される事業体も移転価格上重要な地位を占めるのであれば含めるべき，となります。要は会社判断ということですね。特に研究所や知財保有会社などは，取引規模が小さいものの，移転価格上は重要な法人であるといえますので構成事業体に含める必要があるでしょう。

　報告事項の内容は「BEPS最終報告書13 別添1に準ずる」もので，BEPSとの齟齬はありません。本邦税制では租税特別措置法施行規則第22条の10の5第1項にマスターファイルの記載項目が列挙されています（図表1-5）。

　提供義務者としてはまず，多国籍企業グループの構成事業体である内国法人が挙げられます。ここには，日本の最終親会社も含まれますし，外国の多国籍企業グループを構成する在日事業法人も含まれます。どの規模の内国法人が提供義務を有するかは規定されておらず，連結総収入が1,000億円以上の多国籍企業グループに属していれば，自社の規模に関わらずマスターファイルの提供義務があります。ただし，複数の内国企業のうち1社をマスターファイルの代表提供者と任命することは可能です。

　連結総収入が1,000億円未満の多国籍企業グループはマスターファイルの作成義務が免除されますので，ローカルファイルの作成義務がある最終親会社でも，グループ売上高が1,000億円未満であるため，日本基準ではマスターファイル作成が免除される子会社も多くあることでしょう。

　一方で，他国のマスターファイル作成基準により作成せざるをいない最終親会社も出てくるでしょう。この場合のマスターファイルの記載内容は，本邦税制に規定される内容ではなく，当該他国の税法が要求するマスターファイルの内容に準拠して作成する必要があります。

　次に，本邦税制におけるマスターファイル記載項目をみてみましょう。

図表1-5 本邦税制におけるマスターファイルの記載項目

組織構成	（1号）グループ構成会社名称，本店所在地および持分関係図
事業の概要	（2号イ）グループ構成会社の営業収益の重要な源泉
	（2号ロ）主要5商品・サービスのサプライチェーンの概要と地理的な市場の概要
	（2号ハ）主要5商品・サービス以外の全体売上高5％以上を占める商品・サービスのサプライチェーンの概要と地理的な市場の概要
	（2号ニ）グループ構成会社間の役務提供（R&Dサービスを除く）に関する重要な取決めの一覧表およびその概要（対価の設定方針，費用の負担方法，役務提供拠点の機能など）
	（2号ホ）グループ構成会社の付加価値創出における主たる機能，負担する重要なリスクおよび使用している重要な資産の概要
	（2号ヘ）グループ構成会社に係る事業上の重要な合併，分割，事業譲渡等の概要
無形資産	（3号）無形資産の開発，所有，使用に関する包括的な戦略の概要と主要な施設およびR&D管理場所の所在地
	（4号）グループ構成会社間で使用される重要な無形資産の一覧表および所有者の一覧表
	（5号）無形資産の研究開発に要する費用の負担，役務の提供，使用の許諾に関する重要な取決めの一覧表
	（6号）研究開発および無形資産に関する取引に係る対価の額の設定方針の概要
	（7号）グループ構成会社間での重要な無形資産の移転に関係する会社名称，所在地，無形資産の対価の額等の概要
金融活動	（8号）グループ構成会社の資金調達方法の概要（グループ外からの資金調達に関する重要な取決めを含む）
	（9号）グループ内で中心的な金融機能を果たすものの名称，所在地（法定登録場所および実質的な事業拠点）
	（10号）グループ構成会社間での資金貸借に係る対価の額の設定方針の概要
財務・税務の状況	（11号）連結財務諸表に記載された損益および財産の状況
	（12号）締結しているユニラテラルAPAの概要

　記載すべき項目はBEPS最終報告書13に定める内容に準拠しており，グループと構成会社がやっていることの概要を"言葉で"説明することが求められています。CbCレポートのような穴埋め問題ではないわけです。また，マ

スターファイルに関しては目下のところ、ローカルファイルのような「書類作成に当たっての例示集」も公表されていません。筆者はこれを見て、大学のある年の政治学の学期末試験問題を思い出しました。「多元的国家論について述べよ」、質問はたった1行。白紙の解答欄が無限に広がり、これをどうやって埋めればいいのか手がかりも見つかりません。あとで模範回答をみれば、「あー、こういうことを書けばよかったのね」とわかるのですが。筆者は、本書が皆さまにとっての「マスターファイルのあんちょこ」となることを願っています。内容の詳細は第2章を参照ください。

2-2　ローカルファイル関連規定

本書の主題ではありませんが、ローカルファイル関連の規定についてもみてみましょう（図表1-6）。

図表1-6　移転価格税制に係る文書化〜ローカルファイル

独立企業間価格を算定するために必要と認められる書類（ローカルファイル）
作成期限：確定申告書の提出期限に同じ（作成期限であって、確定申告書と同時提出は不要）
記載項目：租税特別措置法施行規則22条の10第1項各号に掲げる書類
保存期間および場所：確定申告書期限の翌日から7年間、国外関連取引を行った法人にて保存する。書類の原本が国外にあるものは写しを保存する。
作成義務の免除：国外関連者単位で前期取引金額（受払合計）が年50億円未満かつ無形資産の取引金額が3億円未満につき、当該国外関連者との同時文書化義務を免除
同時文書化義務の履行担保：以下の場合に推定課税、同業者調査が適用される。
・ローカルファイルの提出を求めてから45日以内に提出がない場合
・ローカルファイルの作成基礎資料・関連資料の提出を求めてから60日以内に提出がない場合
適用時期：2017年4月1日以降に開始する事業年度から適用
使用言語：指定なし（日本語訳提出要求もあり）

簡潔にまとめると，ある国外関連者との財・サービスの取引が50億円以上あるか，無形資産取引が３億円以上ある内国法人は，ローカルファイルを確定申告書提出期限までに作成しておく義務（これを同時文書化義務といいます）があります。マスターファイルと異なり，期限までに提出する義務はありませんが，国税当局の担当職員がローカルファイルの提出を求めてから45日以内に当該ローカルファイルの提出が義務付けられ，60日以内にローカルファイルの作成に関連する基礎資料の提出がない場合に推定課税を受けても仕方がない，というペナルティが課されます。

(1) 本邦税制における記載項目と留意点

ローカルファイルの内容（記載項目）としては，租税特別措置法施行規則第22条の10第１項第１号および第２号に掲げられています（図表１－７）。

ローカルファイルに対して通常抱くイメージとしては，検証対象となる海外子会社で作成する移転価格文書というものでしょう。日本本社が準備する移転価格関連の書類というのも，これまでは海外子会社で作成した移転価格文書を中心に国外関連取引に関する資料をひとまとめにバインドしたもの，というところでした。今回の税制改正に伴い，日本本社でローカルファイルの作成があらためて要請されることになったわけですが，これまでどおりの資料を準備すればよいのか，それとも本社としてローカルファイルを作成する必要があるのか，判断に迷うところでしょう。

われわれは，検証対象であることが多いと思われる海外子会社で移転価格文書を作成しているのであれば，これを基礎として日本のローカルファイルとして構成し直し文書を作成すればよい，と考えています。海外子会社の作成する移転価格文書の主体を本社としてまとめ直せば，ほぼ日本のローカルファイルとして使える場合が多いと思われます。ただし，海外子会社は子会社の立場で文書を作成していますので，改編が必要な場合もあるでしょう。いずれにしても，すでに作成されている資料があるなら，それを最大限活用するのが，作業

の重複やコストの無駄，資料間の齟齬を少なくする対策となります。

日本のローカルファイルは，国外関連者単位で取引金額50億円基準となっていますので，たとえば中国とマレーシアに子会社があり，各国でローカルファイルを作成している日本本社のローカルファイルとしては，両国に所在するいくつかの国外関連者のうち，基準に達している国外関連者のみをピックアップし，中国およびマレーシアで作成されたローカルファイルをアレンジして日本版ローカルファイルとして1つの文書にまとめます。

図表1-7　本邦税制におけるローカルファイルの記載項目"

国外関連取引の内容を記載した書類（租税特別措置法施行規則22条の10第1項1号）
イ　国外関連取引に係る資産の明細および役務の内容
ロ　国外関連取引において法人および国外関連者が果たす機能・負担するリスク（事業再編を含む）
ハ　国外関連取引において使用した無形固定資産その他の無形資産の内容
ニ　国外関連取引に係る契約書または契約の内容
ホ　法人が，国外関連取引において国外関連者から支払を受ける対価の額または支払う対価の額の設定の方法および設定に係る交渉の内容
ヘ　国外関連取引に係る損益の明細および計算の過程
ト　国外関連取引に係る市場に関する分析その他市場に関する事項
チ　法人および国外関連者の事業の内容，事業の方針および組織の系統
リ　国外関連取引と密接に関連する他の取引の有無およびその内容

（国外関連取引にかかる）独立企業間価格を算定するための書類（同規則22条の10第1項2号）
イ　選定した算定の方法，その選定に係る重要な前提条件およびその選定の理由
ロ　採用した比較対象取引等の選定に係る事項および比較対象取引等の明細（財務情報を含む）
ハ　利益分割法を選定した場合における関連者双方の帰属金額を算出するための書類
ニ　複数の国外関連取引を一取引として独立企業間価格の算定を行った場合の理由と取引内容
ホ　比較対象取引等について差異調整等を行った場合の理由および当該差異調整等の方法

(2) BEPS最終報告書13における記載項目と留意点

　わが国のローカルファイル規定と合わせてBEPS最終報告書13 チャプター5　別添2にある，ローカルファイルの記載内容も見てみましょう。

　図表1-8がそれですが，米国，中国などをはじめとしてこれまで海外で作成してきた移転価格文書の内容と大差なく，目新しい記述はありません。

　海外子会社が作る移転価格文書では，関連者が相対的に規模の大きい本国の親会社等であることが多いため，海外子会社を検証対象企業とすることが多かったと思います。一方，本社が海外子会社とする関連取引の検証では，海外子会社のほうが規模からして小さいために，子会社を検証対象とすることが一般的です。つまり，検証対象企業を自社とするのではなく，取引相手である国外関連者とした移転価格文書を作成するわけです。

　ここでは，海外子会社が作成している移転価格文書を利用して，相手先である海外子会社が利益を取り過ぎていないことを説明し，間接的に自社（本社）の利益が過少となっていない，と結論付けます。海外子会社の移転価格文書を，視点を変えてまとめ直し，自社のローカルファイルとするわけです。

　わが国におけるローカルファイルの準備に関する議論はまだまだ尽きませんが，本書がマスターファイルの作成指南の書であることを忘れてしまいそうになりますのでこれくらいとし，次に，他国のマスターファイル関連規定について見てみましょう。

図表1-8　BEPS最終報告書13 別添2〜ローカルファイルの記載内容

当地企業	当地企業の経営構造，組織図，報告先および主たる事務所の所在国に関する説明
	当年度・直近年度で当地企業が関係する事業再編・無形資産譲渡など，当地企業の事業や事業戦略に関する詳細説明
	主たる競合先
関連取引	（当地企業が関与する主要取引類型別に以下の情報を提供）
	重要な関連取引と背景の説明：製造役務の受入れ，商品購入，役務提供，資金調達・契約履行保証，無形資産ライセンスなどを含む
	当地企業の関与する関連取引類型別によるグループ内での受払対価の額：製品，役務，ロイヤルティ，金利の受払を含む
	関連取引類型ごとの関連者の特定と当地企業との関係
	当地企業の締結する重要な関連取引の写し
	取引類型ごとの納税者と関連者に関する比較可能性および機能分析：前年度との比較（マスターファイルに記載済の場合は，参照とすることで可）
	取引類型ごとの適切な移転価格算定方法および選定理由
	検証対象企業の関連者名およびその選定理由
	移転価格算定方法を適用するうえでの重要な前提条件の要約
	複数年度分析を行う場合の理由説明
	内部・外部比較対象取引のリスト：比較対象取引の選定方法と情報源の詳細など移転価格分析で依拠する独立企業の財務指標・情報
	比較差異調整の説明：当該調整の対象先（検証対象先か比較対象先か，その両方か）の明示
	関連取引が独立企業原則に則っているとの結論に至る理由説明
	要約財務諸表
	当地税務管轄地域は参加していないものの上記関連取引に関係するユニラテラル・二国間・多国間事前確認協議その他の合意があればその書類の写し
財務情報	対象年度の財務諸表（監査済決算書が望ましく，なければ監査前のもの）
	移転価格算定方法を適用するうえで用いられた財務情報・配賦計算表
	分析で用いた比較対象企業の財務データの要約と情報源

3 中国移転価格関連税制にみるマスターファイルの規定内容

　特別納税調整実施弁法（以下，弁法）は，中国における国際税務関連通達の包括規定であり，移転価格税制，タックスヘイブン対策税制，過少資本税制，その他の租税回避行為対策税制，といった国際課税項目を網羅しています。中国では，BEPS最終報告書13の内容を織り込んで，同弁法の関連取引に係る税務申告とマスターファイル，ローカルファイルに関する部分を改定した新通達（国家税務総局公告2016年42号）が公布されました。

3-1　記載項目

　42号通達第12条には，「マスターファイル」に関する内容が記載されています。
　以下に中国のマスターファイルの記載項目につき，本邦規定との対比でみていきましょう（図表1－9）。
　マスターファイルは，多国籍企業グループのグローバル業務の全体状況を開示するものであり，グループ全体の組織構成，業務の記述，無形資産の存在と分布，資金融通の状況，財務および税務状況を記述するファイルです。グループの事業を（事業別に）ハイレベルで記述するものであり，中国に所在する法人と直接取引のないグループ内他社の業務内容や自社を含むグループ各社の事業上の位置付けにまで記述が及ぶため，各子会社レベルで作成できるものではなく，やはり本社が主管して作成する必要があるものとなるでしょう。しかしながら，日本規準で作成したマスターファイルが中国の規準を満たさないようでは，作成したものに加筆修正が必要となってしまいます。ここで，中国の規準と日本の規準を比較して差異がないことを確認しておきましょう。幸いにし

図表1-9　マスターファイルの概要〜本邦規定と中国42号通達の比較

	租税特別措置法施行規則第22条の10の5第1項	中国42号通達
組織構成	（1号）グループ構成会社名称，本店所在地および持分関係図	持分関係，構成メンバーの地理的分布図
事業の概要	（2号イ）グループ構成会社の営業収益の重要な源泉	利益の価値創造の要因の記述
	（2号ロ）主要5商品・サービスのサプライチェーンの概要と地理的な市場の概要 （2号ハ）主要5商品・サービス以外の全体売上高5%以上を占める商品・サービスのサプライチェーンの概要と地理的な市場の概要	5大事業のサプライチェーンと主たるマーケットの状況の説明（製品あるいは労務の営業収入を基礎として判断し，営業総収入の5%超の業務につき記述）
	（2号ニ）グループ構成会社間の役務提供（R&Dサービスを除く）に関する重要な取決めの一覧表およびその概要（対価の設定方針，費用の負担方法，役務提供拠点の機能など）	グループ内での研究開発業務以外の重要な関連役務提供アレンジメントの説明。役務提供側のサービス能力の説明，関連役務の価格設定方針
	（2号ホ）グループ構成会社の付加価値創出における主たる機能，負担する重要なリスクおよび使用している重要な資産の概要	グループ内各企業の価値創造方面における主たる貢献。実施する重要な機能，負担する重大なリスク，および使用する重要な資産を含む
	（2号ヘ）グループ構成会社に係る事業上の重要な合併，分割，事業譲渡等の概要	法的形式の改変，債務整理，持分買収，資産買収，合併，分割等の再編業務
無形資産	（3号）無形資産の開発，所有，使用に関する包括的な戦略の概要と主要な施設およびR&D管理場所の所在地	無形資産の開発，所有権の帰属および利用の全体戦略の記述。研究開発機構および管理者の状況。研究開発機構と研究開発管理活動の所在地，<u>主要職能</u>，<u>人員状況</u>等
	（4号）グループ構成会社間で使用される重要な無形資産の一覧表および所有者の一覧表	移転価格アレンジメントに顕著な影響をもたらす重要な無形資産とその法的所有者
	（5号）無形資産の研究開発に要する費用の負担，役務の提供，使用の許諾に関する重要な取決	無形資産関連の契約リスト。コストシェアリング契約，研究開発サービス契約および使用許可

	めの一覧表	契約等
	（6号）研究開発および無形資産に関する取引に係る対価の額の設定方針の概要	研究開発およびその他無形資産関連の移転価格政策
	（7号）グループ構成会社間での重要な無形資産の移転に関係する会社名称，所在地，無形資産の対価の額等の概要	無形資産に関する権益の関連取引状況。譲渡関連企業名，国名および補償対価等
金融活動	（8号）グループ構成会社の資金調達方法の概要（グループ外からの資金調達に関する重要な取決めを含む）	資金融通および非関連貸付者との主たる資金融通
	（9号）グループ内で中心的な金融機能を果たすものの名称，所在地（法定登録場所および実質的な事業拠点）	資金プーリング・融資機能を有する企業名，法的登録地／実際管理機構所在地の記述
	（10号）グループ構成会社間での資金貸借に係る対価の額の設定方針の概要	関連企業間資金融通の全体的な移転価格設定方針
財務・税務の状況	（11号）連結財務諸表に記載された損益および財産の状況	直近財務報告年度の連結財務諸表
	（12号）締結しているユニラテラルAPAの概要	既締結のユニラテラル事前確認協議および国家間の収益分配に関連する他の税務裁定
		グループの準備，提供する国別報告の構成メンバー名称および所在地

て，中国の規定においてもマスターファイルの記載項目は日本の規定とはほぼ同じく，すなわちBEPS 13別添1を踏襲した項目を説明すればよいこととなります。無形資産に関心の高い中国当局は，「無形資産関連情報」として研究開発拠点の所在地国のみならず，その"主要職能"と"人員状況"の記述を求めているところに，若干の特徴が認められます。

3-2 作成義務者と作成期限

　42号通達では，以下の2類型に属する中国法人にマスターファイルを準備するよう規定しています。

① 年度内に国外関連取引が発生しており，かつ当該企業の財務諸表を連結する最終親会社の所属する企業グループがマスターファイルを作成している場合
② 年度関連取引が10億元を超える場合

　①の類型では，中国では事業規模が小さく，中国でローカルファイルを作成していなくとも，関連取引があり，最終親会社が連結売上高1,000億円以上あるために日本でマスターファイルを作っている中国子会社は，税務当局の求めに応じてマスターファイルの提出を要請される場合があります。

　②の類型では，グループ連結売上高1,000億円基準に達していないが，日中間の関連取引が10億元を超える場合に，日本では作成不要だが中国当局の求めに応じてマスターファイルを作成しなければならない場合があります。

　作成期限としては，所属する企業グループの最終親会社の会計年度終了の日から12か月以内に完成させることとされます。また，税務機関の求めがあってから30日以内に提出することとされ，10年間の保管義務が課されています。42号通達は2016年度から適用されますので，中国当局に提出する日本本社が作成するマスターファイルとしては，3月決算会社であれば2017年3月期のマスターファイルを2018年3月末までに作成し，中国語化して，当局の要請次第提出することとなるでしょう。

　ここまで，マスターファイルに関する規定，要求や概要を，BEPS最終報告書，わが国の税法および海外税務当局代表として中国における関連規定をみてきました。マスターファイルの概要と位置付けがおわかりいただけましたでしょうか。次章では，いよいよマスターファイルの作成要領について解説していきたいと思います。

第2章

マスターファイルの
テンプレート

本章ではマスターファイルの全体像を，皆さまが具体的にイメージしやすいようにテンプレートを使って説明したいと思います。前章で説明した BEPS 最終報告書13の内容やわが国の改正税法関連規定あるいは中国など他国のマスターファイルに関する規定を眺めても，記載項目の具体的な内容を思い浮かべることは難しいのではないかと思います。本書では，マスターファイルをテンプレート化することで，記載項目と内容を明確にしました。

0　全体像

まずは目次（図表2-1）をご覧ください。

マスターファイルは「事業の概要」「業界分析」「機能・リスク分析」「バリューチェーン分析」「無形資産取引」「役務取引」「金融取引」の7章立てとし，これに「連結財務諸表の状況」と「APA の状況」を添付しています。

マスターファイルの各章はいくつかの項目から構成されます。BEPS 最終報告書で「マスターファイルに含めるべき記載内容」として列挙された項目をここでは「必須項目」とし，それとは別に「任意項目」として記述することで全体の展望が増す項目を掲示しています。必須項目のうち，一部開示が任意であるものは"△"をマークしています。記載項目としては，これらで十分，BEPS およびわが国税制ならびに主要国の税制上の要求に応えるものとなっています。記載項目としてこれ以上増えることはない，かといって過剰な情報を掲げているものでもないという，マスターファイルに求められる"ほどほど感"を体現したものとなっています。

マスターファイルの標準的な分量としては，A4文書で40〜60ページ程度と想定しておけばよいでしょう。子会社名を記載すればグループにより社数が異なるなど，各社個別の事情がありますので一概にはいえないのですが，これらを添付資料と考えた場合の，マスターファイルの主要構成部分の分量としては

図表2-1 マスターファイルテンプレート

マスターファイル目次	必須項目	任意項目	概要	税務	経理財務	事業・経営企画	総務・人事	研究開発	法務
1 事業の概要									
1-1 主要法人リスト	△		CbCRでの個社名称に合わせ記載、主要製品・売上高は任意			✓			
1-2 主要法人の所在地および所在地	○		特段の不都合がない限り記載が望ましい（以下同じ）			✓			
1-3 関連取引関係図		○	特段の不都合がない限り記載が望ましい			✓			
1-4 主要製品の概要		○	特段の不都合がない限り記載が望ましい			✓			
1-5 主要製品の機能、利用法、特徴および主要な競争事業者	○					✓			
1-6 セグメント別売上高	○					✓			
1-7 地域別売上高	○					✓			
1-8 重要な組織再編	○					✓			
2 業界分析									
2-1 市場の概要		○	成功要因の記載に合わせ説明等が必要かと思われる	✓		✓			
2-2 重要な成功要因		○		✓		✓			
3 機能・リスク分析									
3-1 棚卸資産取引の機能・リスク・機能分析	○			✓		✓		✓	✓
3-2 棚卸資産取引の機能・リスクおよび重要な資産	○			✓		✓		✓	✓
3-3 棚卸資産取引の機能・リスク会社別機能分析表	○		3-1をグループ会社別に、表形式に分類したもの	✓		✓		✓	✓
3-4 棚卸資産取引の機能・リスク会社別リスク分析表	○		3-1をグループ会社別に、表形式に分類したもの	✓		✓		✓	✓
3-5 棚卸資産取引の機能・リスク会社別資産分析表	○		3-2をグループ会社別に、表形式に分類したもの	✓		✓		✓	✓
3-6 棚卸資産取引の機能・リスク形態別分析表	○		個社別の位置付けが明確になり明瞭性は高くなる	✓		✓		✓	✓
4 バリューチェーン分析									
4-1 XXX製品におけるバリューチェーンの概要	△		3-1機能分析で表記する方法もある	✓		✓		✓	✓
5 無形資産取引									
5-1 無形資産の概要、所有、管理および使用の方針		○				✓		✓	✓
5-2 重要な無形資産および法的所有者リスト		○				✓		✓	✓
5-3 無形資産の異動状況	△					✓		✓	✓
5-4 無形資産に関する契約（技術使用権許諾契約）	△		対価設定の方法など記載の範囲については要検討			✓		✓	✓
5-5 無形資産の機能・リスク会社別機能分析		○	対価設定の方法など記載の範囲については要検討			✓		✓	✓
5-6 無形資産のグループ間移転		○				✓		✓	✓
6 役務取引									
6-1 グループ内役務提供の概要	△		役務提供部門およびリスク内容の概略説明があるほうが望ましい	✓		✓		✓	✓
6-2 グループ内役務取引（役務形態別）		○				✓			✓
7 金融取引									
7-1 金融活動の概要	△		該当なしまたは他の金融取引がなければ適宜削除・変更のこと		✓	✓			
7-2 キャッシュ・プーリングの状況	△				✓				
添付1 XXX事業の連結財務諸表およびAPAの状況	○				✓				
添付2 APAの状況	△		該当なければ記載不要		✓				

そのぐらいです。

　マスターファイルの想定読者が税務当局であり，使用目的として「リスク評価を実施するための必要な情報の入手」および「税務調査を実施するために有用な情報の入手」であることを考えれば，細かすぎてもいけないし，省略しすぎてもいけないわけです。数時間で読み切れる分量と考えればこの程度の分量となるでしょう。ただし，その内容は冗長なものであってはならず，無駄な情報を削ぎ落とし，必要十分な情報だけが明瞭に整理され記載されたものでなくてはなりません。ここに会社の姿勢と"移転価格税務的センス"が反映されることでしょう。

　マスターファイルの作成にあたっての全社的取り組みの必要性は本書の第3章で詳しく紹介しますが，「マスターファイルは税務・経理部門だけでなく，営業・事業，研究開発，法務・総務など各部門と子会社・関連会社が一丸となって，"皆で作成する"ものでなくてはならない」ことは強調しておきたい点です。

　マスターファイルはグループの関連取引の概要を説明し，取引原則を記述するものですから，これまで曖昧に営まれてきた関連取引の矛盾点がマスターファイル作成の過程で露呈するかもしれません。また，マスターファイルは作成して終わりではなく，毎年更新する必要があります。われわれはマスターファイル作成の過程こそが，グループ全社の意思疎通の絶好の機会であり，部門間の共通理解を育む場であると確信しています。したがって，ここではマスターファイル各項目の作成を担当する関係部門も合わせて記載しています。

　では，各項目を順に解説していきましょう。なお，本テンプレートでは複数の事業セグメントを展開するXXX企業グループのA事業に関するマスターファイルの作成を想定しています。その場合，事業ごとにマスターファイルを作成し，最終的に全社として1つのマスターファイルに統一するのか，それとも各事業ごとのマスターファイルを提出するのか，決定する必要があります。OECDによれば，その選択は企業側に任されています。もちろん，単一事業の会社であれば，最初から1つのマスターファイルを作成すれば必要十分です。

1 事業の概要

　ここで必要とされる情報の多くは既存資料の中にあります。作業の重複を避けるために必要な情報がどこにあるかを見極めてから動くようにしましょう。情報の的確な抽出には，必要な部門と人員がチームに編成されているかが大切です。

　以下，各項を順にみていきましょう。

1-1　主要法人リスト

【作成の指針と注意点】

　本項では，マスターファイルでカバーする主要グループ法人名を記載します。

　グループ法人の選定は十分に慎重であるべきです。国別報告書を作成する企業グループでは主要法人の所在地および機能の記載が求められますので，マスターファイルと国別報告書で選定する法人を揃えておかなければなりません。

　BEPS またはわが国の税制でマスターファイルに記載すべき子会社・関連会社の基準が定められているわけではありませんので，全体への影響度の重要性を鑑みて記載すべき法人を選定します。

　選定基準の参考として，ここでは，所在地国でローカルファイルの作成義務が課される規模の法人であれば，相応に重要な影響力のある子会社，関連会社であると判断して記載することとしました。たとえば，中国では有形資産取引が年間2億元（30億日本円）または無形資産・役務取引が年間4,000万元（6億日本円）超の法人，シンガポールでは有形資産取引が年間1,500万S$（12億日本円）または無形資産・役務取引が年間100万S$（7,800万日本円）というローカルファイル作成基準に従い，当該基準を超える法人につき本項で開示し

| 図表2-2 | 事業の概要：XXXグループ-A事業　主要法人リスト |

番号	法人名	所在国	略称	主要製品	売上高

ます。

　当該基準の利点としては，ローカルファイルを作成している法人を管轄する税務当局はマスターファイルの提示を求めることがほとんどですので，当該現地法人を含むマスターファイルが作成されていることを，主要法人リストを提示することでわからせることができる，というところにあります。一方，デメリットとしては各国のローカルファイル作成義務の金額基準が異なるため，関連取引高が何百万円以上の法人，というように一律で決まらないことです。

　このほかの基準としては，連結対象子会社，持分法適用会社，非連結会社の別で基準を設けるというものもあります。この場合には，連結子会社であっても関連取引が少ない法人は除外すべきでしょう。関連取引の多寡で選定すべき法人を選定するということです。

　関連取引は少ないながら，グループ内で果たす機能の重要性を鑑みて選定すべき法人もあります。たとえば，グローバル研究開発拠点，知財の所有権を有する拠点など無形資産に関係する拠点は，BEPSで特に注目されていますので，関連取引の有無によらず選定が求められる法人であると考えられます。

　記載項目としては，法人名と所在国，略称のほか，主要製品と売上高としま

した（図表2-2）。主要製品と売上高の開示は任意項目です。法人がどのような業務に従事し，グループ内でどのぐらいの重要性を占めているかの指標を示すことで明瞭性と選定基準の合理性を示そうというものですので，それを代替する項目を記載しても構いません。また，任意項目ですので開示しないという選択肢も考えられます。

【移転価格事務運営要領2-4(1)ニ】には，「法人及び国外関連者の主な取扱品目及びその取引金額並びに販売市場及びその規模を記載した書類」を税務調査時に検査を行う書類として列挙しています。これらは日本におけるローカルファイルとして用意すべき資料ではありますが，本項ではマスターファイルに記載する項目の参考として，"国外関連者の主な取扱品目と取引金額"を抜き出してみました。

【論点】
・対象会社の選定基準をどのように定めるか。
・取扱品目，取引金額を入れるか。

【担当部門】
経理（連結決算）・財務部門，事業・経営企画部門

1-2　主要法人の持分関係および所在地

【作成の指針と注意点】

本項では，1-1 で確定した主要法人の持分関係と所在地情報につき，既存資料を利用してA事業に従事する法人の資本関係図を整理し記述します。参考となる既存資料としては，

・法人税申告書別表17(4)「所在地情報」
・有価証券報告書
・アニュアルレポート
・ウェブサイト

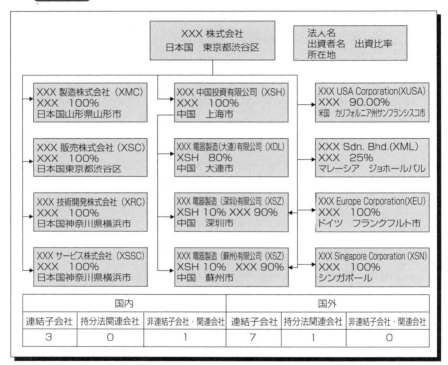

図表2-3　事業の概要：XXX グループ-主要法人の持分関係および所在地

などが考えられます。

　ここではツリー図を用いて資本関係を開示していますが，法人数がそれほど多くないために一覧性が確保されています（図表2-3）。資本関係図は1枚にまとめたほうが明瞭性は高いといえるので，サイズを大きくするなど工夫してみましょう。法人数が相当多くなれば，セグメントごとに分けて複数枚に分割したほうがよいでしょう。持分比率の記載は明示的に要求されていませんが，必要情報であると考えます。

【論点】
・1枚でまとめるか。複数枚に分割する場合，分割単位をどうするか。
【BEPS 報告書での記載要求】

Organizational Structure
- Chart illustrating the MNE's legal and ownership structure and geographical location of operating entities.

【担当部門】
経理（連結決算）・財務部門，事業・経営企画部門

1-3 関連取引関係図

【作成の指針と注意点】
　既存資料を利用し，A事業の関連取引を図表形式で記述します。
　参考となる資料としては，
・法人税申告書別表17(4)「営業収益又は売上高」「国外関連者との取引状況等」
・有価証券報告書「事業の内容」，「事業系統図」，「関係会社の状況」
などがあります。
　任意記載事項ですが，特段の不都合がない限り開示することで明瞭性を高めることができるため，推奨します。
　図表2-4は，本社と海外3法人との間の棚卸資産，無形資産，役務提供の取引の所在を，取引額を含めて記述しています。また，海外現地法人の規模がわかるように法人名だけでなく売上高を記述しています。これは内部的には認識しておくべきですが，マスターファイルに記載すべきかどうかは，全体バランスを考えて最終的に判断しましょう。したがって，任意記載事項と考えてよいでしょう。また，現地法人間で取引があれば，これも記載します。
　ここでは関連取引がそれほど多くないために簡潔にまとまっているように見えますが，関係会社数や取引種類が増えれば図表が複雑になり，一覧性が阻害されるため，セグメント別にページを分ける，国ごとに製造法人をまとめて簡略化する，などの視覚的工夫が必要となるでしょう。

図表2-4　事業の概要：XXXグループ-A事業　関連取引関係図

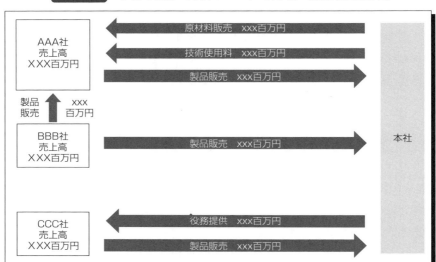

【論点】
・個社別に記載するか。国ごとにまとめるか。

【BEPS報告書での記載要求】

Description of MNE's business
- A description of the supply chain to be taken the form of a chart or a diagram.

【担当部門】
経理（連結決算）・財務部門，事業・経営企画部門

1-4　主要製品の概要

【作成の指針と注意点】

既存資料を利用し，A事業の主要製品を文章や写真でわかりやすく表現しま

す(図表2-5)。

参考となる資料としては,
- ・有価証券報告書
- ・アニュアルレポート
- ・ウェブサイト
- ・ニュースリリース,稟議書

などがあります。

figure 図表2-5　事業の概要：XXXグループ-A事業　主要製品の概要

```
A事業の主要製品
  ・　X製品
  ・　Y製品
  ・　Zサービス
```

　任意記載事項ですが,特段の不都合がない限り開示することで明瞭性を高めることができるため,作成が推奨されます。

　具体的な記載は省略していますが,各セグメントでA4判1枚程度,本項すべてでは5〜6枚にまとめるとバランスがよいでしょう。

【担当部門】
経理(連結決算)・財務部門,事業・経営企画部門

1-5　主要製品の機能,利用法,特徴および主要な競争事業者

【作成の指針と注意点】
　主要製品の機能・利用法・特徴・主要な競争事業者についての情報を整理します。地域特性や収益性についても言及します。

既存資料を利用し，A事業の主要製品を文章や写真でわかりやすく表現します（図表2-6）。

参考となる資料としては，

- 有価証券報告書
- アニュアルレポート
- ウェブサイト
- ニュースリリース，稟議書

などがあります。

前項【1-4 **主要製品の概要**】と異なる点は，競合他社の記載項目です。これにより所属する業界が判明し，厳しい経営環境にあること（業界全体として利益率が低い）などをアピールできるメリットがある一方で，税務当局が利益水準の比較対象として競合他社を用いることもあります。本項は任意記載項目であり，開示にあたっては競合他社との差異を十分説明できるかどうかを事前に検討しておきましょう。

図表2-6 事業の概要：XXX グループ-A 事業 主要製品の機能，利用法，特徴および主要な競争事業者

製品または サービス	機能/利用法/特徴	日本における 競合他社	海外における 競合他社
XXX 製品	・・・・	A社／B社	C社／D社

出所：2016年度アニュアルレポート

【論点】
・開示する場合，競合他社との差異を定性的または定量的に説明できるか。
【担当部門】
経理（連結決算）・財務部門，事業・経営企画部門

1-6 セグメント別売上高

【作成の指針と注意点】

既存資料を利用し,A事業の主要5大セグメント別売上高を記述します(図表2-7)。

参考となる資料としては,
- 有価証券報告書(「事業の内容」,「事業系統図」)
- 事業セグメント別損益
- 会社案内

などがあります。

なお,A事業全体売上高の5%未満のセグメントについては,記述を省略してよいとされます。

ここでは前年度の数値も併せて2期比較の形式としていますが,マスターファイル(MF)の要件としては当該年度の売上高のみを開示すれば足ります。比較明瞭性の観点から2期比較としました。次年度以降もMFの作成更新を続けるわけですから,2か年度のMFを見比べれば数値の比較は可能です。一手間省かせることで税務当局の会社に対する心証をよくしておきましょう。

図表2-7 事業の概要:XXXグループ-A事業 セグメント別売上高

セグメント	主たる製品またはサービス	2016/3月期		2017/3月期	
		売上高	割合	売上高	割合
Xセグメント					
Yセグメント					
Zセグメント					
A事業計					

出所:2016年度アニュアルレポート

【BEPS 報告書での記載要求】

Description of MNE's business
- A description of the supply chain for the group's 5 largest products and/or service offerings by turnover plus any other products and/or services amounting to more than 5% of group turnover. The required description could take the form of a chart or a diagram.

【担当部門】
経理（連結決算）・財務部門，事業・経営企画部門

1-7 地域別売上高

【作成の指針と注意点】

既存資料を利用し，A事業の地域別売上高を整理・記述します（図表2-8）。参考となる資料としては，

・有価証券報告書（「事業の内容」，「事業系統図」）
・事業セグメント別損益
・会社案内

などがあります。

図表2-8 事業の概要：XXX グループ-A事業　地域別売上高

地域	2016／3月期		2017／3月期		主たる国名
	（金額）	（比率）	（金額）	（比率）	
日本					
北米					
欧州					
アジア他					

出所：2016年度アニュアルレポート

こちらも2期比較形式とし，比率および主たる国名を付記しました。

【BEPS 報告書での記載要求】

Description of MNE's business
- A description of the main geographic markets for the group's products and services.

【担当部門】

経理（連結決算）・財務部門，事業・経営企画部門

1-8 重要な組織再編

【作成の指針と注意点】

既存資料を利用し，重要な組織再編の概要を記述します（図表2-9）。
参考となる資料としては，
- 連結財務諸表　注記

図表2-9　事業の概要：XXX グループ-A事業　重要な組織再編

当該年度における重要なグループ内組織再編の状況は下記のとおりである。	
	内容
背景	XXX 社は，経営合理化の一環として所有するA社（中国）の持分をアジア地域統括会社であるS社に株式交換の方法により譲渡した。
移転日	2016年12月31日
譲渡者	XXX社（日本）
譲受者	S社（シンガポール）
対象法人・資産	A社（中国）
対価の額	XXX円相当のS社持分
評価方法	DCF法
付記事項	瑕疵条項として，S社には譲渡日から2年以内にA社の株主価値を20％以上毀損する法的な瑕疵が顕在化した場合には，譲渡価格を相応に調整するオプションが与えられている。

・稟議書

などがあります。

　ここでは，グループ内事業再編の一環として，シンガポール地域統括会社への中国子会社の持分譲渡（株式交換）を実施した旨を開示しています。当局の関心事は無形資産を有する法人の法人所有権の売買であり，相応の対価が支払われていることが明らかでなければなりません。ここでは，DCF法による持分評価を実施していることが示されています。単に簿価純資産や元出資額による譲渡であると，低廉譲渡の疑いが持たれることになるでしょう。

【BEPS報告書での記載要求】
Description of MNE's business
- A description of important business restructuring transactions, acquisitions and divestitures occurring during the year.

【担当部門】
経理（連結決算）・財務部門，事業・経営企画部門

2　業界分析

　この章の作成においては事業部，経営企画部などの現業部門に主導的役割を担ってもらいましょう。どの程度深掘りして書き込むかについてのイメージを事前に伝えることで，浅すぎず，深すぎずのちょうどよい頃合いの業界情報を入手するように心がけましょう。

　前章よりも説明的な記述が多くなり，記載の内容のみならず視点の置き方で，同じ情報がポジティブにもネガティブにも受け取られます。情報整理力のみならず文章力も求められる章といえます。

　心して取り掛かりましょう。

2-1　市場の概要

【作成の指針と注意点】

既存資料を利用して，所属する産業および市場の概要を記述します（図表2-10）。

参考となる資料としては，
・業界・市場調査レポート
・有価証券報告書（「事業セグメント情報」）
・決算説明会資料「地域・国別情報」
・営業部等が有するマーケット情報

などがあります。

本項では，主として市場全体の動向を説明しましょう。セグメント別または地域別での説明が適当であるかもしれません。この場合は【1-6　セグメント別売上高】および【1-7　地域別売上高】での区分と整合するように区分して説明しましょう。市場が全体的に不調である，過剰生産につき価格競争の状態にあるなど，特に損益が悪い状況を説明するためには，本項の記載は重要です。

図表2-10　業界分析：XXXグループ-A事業　市場の概要

- A事業の市場規模の推移（主要地域別）

  （過去の推移をグラフ等を用いて簡潔に）

- 市場の動向

  （例）　XXX社の所在する中国市場における主力製品xxxの市場は常に地場企業との価格競争にさらされており、市場規模が拡大傾向にありながらも収益性が低下傾向にあるといえる。

- 成長分野
  （将来の見通しについて根拠とともに記載）

ただし,「悪い,悪い」と唱えるだけでなく,将来の展望についても記載することが事業を営む経営者としてのあるべき姿といえます。悪いままなら早々に撤退すればいいわけですから。

グローバルな市場の概要は,海外の現地法人の立場からは見えないことが多いため,ローカルファイルの記載内容との整合性に注意しましょう。ローカルファイルでは所在国の移転価格的ポジションを正当化するために,「市況による損益の悪化」などの理由を過度に用いて説明していることがあります。

また,将来の展望もバリューチェーンの一部を担うだけの海外現地法人からはわからないことが多く,海外の税務当局が特に知りたい項目といえます。

簡単そうにみえますが,奥の深い項目ですので,事業部が作成した後に,経理部や税務部で異なる観点から二重にも三重にもチェックしましょう。

記載内容と実績数値,経営計画値などとの整合性も要確認項目です。

本項は任意記載項目としていますが,次項に記載する成功要因の記載への導入部でもありますので,特段の不都合がない限り記載が望ましいといえます。

【論点】
・ローカルファイルとの整合性がとれているか。
・移転価格リスクを過度に高める表現となっていないか。

【担当部門】
作成:事業・経営企画部門
レビュー:税務部門

2-2　重要な成功要因

【作成の指針と注意点】
　既存資料を利用して重要な成功要因を記述します。前項と同じく,セグメント別または地域別での説明が適当であるかもしれません。この場合は【1-6

セグメント別売上高】および【1-7　地域別売上高】での区分と整合するように区分して説明しましょう。

参考となる資料としては，
- 会社案内，アニュアルレポートの主力製品情報
- 有価証券報告書（「事業の内容」）

などがあります。

事業収益に影響を及ぼす特殊な要因がある場合には，ここで説得的な説明を行いましょう。たとえば，A事業各セグメントの利益の源泉やリスク要因について言及し，特定の子会社の特定の機能（製造技術，価格競争力，納期厳守，販売手法など）によって強みが生まれ，利益の源泉となっているのであれば，それを具体的に記述します（図表2-11）。

本項の記述は，グループ各社の利益配分に密接に関係する項目であり，前項同様，記述には特に注意を要します。成功要因として「市場の特異性」「技術力」「商品企画力」「低コスト戦略」「マーケティング力」「ブランド力」など移転価格に直結する用語を用いる場合は，特に注意が必要です。事業部，経営企画部の作成する下書きを経理部や税務部にて税務的観点から確認しましょう。移転価格リスクを過度に高めるような記載内容については記載の適否を慎重に判断しましょう。

海外現地法人の作成している移転価格文書や今後作成することになるローカルファイルでの表記，機能リスク分析，バリューチェーン分析との整合性も要確認です。

【論点】
- ローカルファイルとの整合性がとれているか。
- 移転価格リスクを過度に高める表現となっていないか。

【BEPS報告書での記載要求】
Description of MNE's business
　- General written description of "Important drivers of business profit".

【担当部門】

作成:事業・経営企画部門

レビュー:税務部門

図表2-11　業界分析:XXXグループ-A事業　重要な成功要因(セグメント別など)

・YYY社の所在する中国市場におけるYYY製品は、V機能を兼ね備えた戦略製品であり、低価格戦略と相俟って、2,3年急速に市場シェアを伸ばしている。

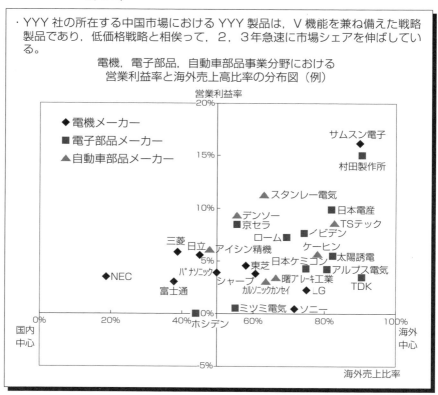

電機,電子部品,自動車部品事業分野における
営業利益率と海外売上高比率の分布図(例)

3 機能・リスク分析

　ここでは，グループの主たる事業について，グループ各社が果たす機能と負うリスクについて概括的に記述します。移転価格税制特有の用語が頻出しますので，経理・税務等の部門が，必要に応じて事業部や経営企画部などの現業部門にインタビューを実施して，文章に落とし込むやり方が効率的でしょう。

3-1　棚卸資産取引の機能・リスク―機能分析

【作成の指針と注意点】
　事業部や経営企画部担当者へのインタビューや提供された資料に基づき，経理部，税務部等のメンバーで構成されるプロジェクト（コア）チームにより，文章にまとめます。
　"価値創造を担っている会社の機能の説明"が注目点なので，個社別の記述については全社をまんべんなく記述するというよりも，このような"機能の際立っている会社"について特段の記述を行うほかは，グループ（A事業）全体としての機能の所在がどこにあるのか，どのように分布しているか，がわかるような概括的な記述が求められます。要は，各社個別の機能の詳細な説明に注力せず，価値創造の観点からみたグループ全体の機能分析を"簡潔に"まとめるということです。
　図表２-12をご覧ください。研究開発では，機能を基本的に本社研究開発部門が担っており，無形資産の所有権もすべて本社に帰属することが説明されています。例外的に，関連会社（Z社）が応用研究開発を行うという建て付けです。また，本社はいくつかの国外関連会社から研究開発を受託しており，さらに製造法人にその所有する技術を提供し，その対価を得ていることが記述され

図表2-12 機能・リスク分析：XXXグループ-A事業　棚卸資産取引の機能・リスク―機能分析

- ■ **研究開発**
  - ● [研究開発と無形資産の所有者の概要] XXX社（本社）は製品開発に関わるすべての基礎研究活動を担当し，関係する無形資産の所有権を有している。これ以外では，Z社がA製品における応用研究開発活動に従事しており…
  - ● [研究開発の委託および受託] XXX社は国外関連会社よりB製品に関する研究開発を受託しており，当該国外関連会社よりXXX社に相応の対価が支払われている。XXX社は他の国外関連会社からも研究開発の受託を受けており…
  - ● [ライセンス契約の概要] XXX社は製造特許，ノウハウ等を製造法人に使用許諾しており，その対価として…
- ■ **製造**
  - ● [製造活動の概要] グループの製造法人は，部品，半製品，完成品の製造に従事し，これらをグループの販売法人に売却する。製品群ごとに製造プロセスは上流工程と下流工程に分かれ…
  - ● [例外的活動の概要（例：低付加価値製品の正常化）] Ξ社は電極の仕分けと梱包業務といった下流工程に従事しているため，これらの法人の活動は製造というよりは梱包業に近いものである。…
  - ● [機能・リスクの分布の概要] XXX社が製品開発，品質標準を決定し，製造法人は当該決定に基づき製造を担当する。…
  - ● [その他重要な指摘事項] 主たる原材料は関連会社より仕入れており，副材料等は第三者たる供給者より購入している。各製造法人はそれぞれ供給業者の選定，交渉を行うが，重要な原材料の選定については，XXX社の認定する業者から仕入れることとなっている。…
- ■ **販売**
  - ● [販売活動の概要と機能・リスクの分布状況] 販売に従事するグループ各社は販売計画を立案し，引取り，保管，配送状況を勘案して在庫水準を決定している。…
  - ● 販売価格はXXX社の設定する指導価格を下回らない限りにおいて，販売を担当する各社の裁量において顧客と交渉し決定している。指導価格を下回る販売についてはXXX社の事前承認が必要である。…
  - ● グループの販売会社は年間販売計画を立案し，XXX社の承認を受ける。XXXグループの顧客はグローバルカスタマーとローカルカスタマーに分類される。グローバルカスタマーに対して各地の販売会社はXXX社の協力のもと，販売とアフターサービスを担当する。…
  - ● グローバル販売戦略はXXX社において立案され，各販売会社はマーケティング活動に従事する。各地の販売会社はその地における市場調査，分析を行い，XXX社に定期的に報告している。…

ています。

　製造活動では，基本的に各製造法人の機能は同一であることから，個社別の記載はせず，一括してその機能を記述しています。そのうえで，特徴的な機能を有する法人につき個社別で記述します。

　たとえばここでは，製品仕様の決定や材料調達をグループ他社に委ねているなど限定的な製造機能のみを有している法人につき特段の説明を加えています。製造法人でも，組立工程のように単純な機能のみを有する法人もあれば，素材から完成品までの一貫製造を担うフルセットの製造法人もあるなら，製造機能を限定機能型や多機能型などに分けて説明することが適当です。

　あるいは，同一グループの中で上流製造工程と下流製造工程に分かれることもあります。各製造法人の機能を後述する会社別機能分類表に整理・区分してから，各区分に属する法人の活動を吸い上げて記述内容を考えてみましょう。

　ここで同時に，利益水準が機能の多様性に見合うものとなっているか，の検証も重要です。ある機能区分に属する法人の利益水準が，同じ区分に属するグループ他社と比較して突出して高いか低い場合には，追加説明が求められる可能性が高いため，フラッグを立て，事業部や経営企画部の担当者あるいは当該製造法人責任者に説明を求めておきましょう。ただし，多機能＝高利益と単純に決めつける必要はありません。利益水準は機能だけでなく，保有する資産やリスクの所在とも関わってきますし，市場の動向や製品の特異性とも関係します。マスターファイル試作段階では，機能と利益の関係性に説明がつく法人と説明が難しい法人の区別を付けておくことが大事です。

　ただ，この機能と利益の関係性をどのように評価するかは簡単なことではありません。一般に機能，リスクが限定的であれば，求められる利益率は低位安定ということになります。つまり，水準とともに安定性についても評価が必要になります。たとえば機能，リスクの限定された現地法人で3年平均で見れば低位の利益率で問題なし，と見えたとしても，各年では利益率が大きくぶれたり赤字の年度があるような場合には，追加的な説明か，価格設定プロセスの改善が求められたりするようなこともありえます。

販売活動も同じく，グループの販売機能を有する法人の一般的な位置付けを記述します。販売法人に役割を多く持たせている企業グループもあれば，海外取引先でも本社が主体的に価格交渉をし，販社の機能は限定的であるグループもあり，市場によってその役割を異にする混合型もあるでしょう。高機能型と限定機能型の別，あるいはセグメント別，市場別など最も適する分類で販売会社の果たす機能を全体的に説明してみましょう。図表2-12ではさらに，価格交渉は本社指導価格に基づき原則として各販社に裁量があり，指導価格を下回る取引については本社の事前承認が必要なことを加えてみました。

　販売機能は，販促活動，顧客の開拓，販売計画の策定，価格交渉，仕入と在庫水準の決定などいくつかの重要なプロセスに細分化されます。細分化されたプロセスレベルまで記述するかしないか判断が分かれるところです。書くと決めるなら一部を記述するのではなく，すべてのプロセスの機能のあり方につき言及したほうがよいと思います。ここでは，販売計画，仕入・在庫水準決定，価格交渉，マーケティング活動，市場調査活動につき記述してみました。指導価格が本社から提示されていること，グローバルカスタマーとの交渉は本社マターであることなどの記述から，販社が無制限に自由に活動しているわけではないことを読み取っていただけるでしょうか。制限販売業者と一般販売業者の中間に位置するイメージです。

【論点】
・ローカルファイルとの整合性がとれているか。
・満遍なく行き届いた説明となっているか。

【BEPS報告書での記載要求】

Description of MNE's business

　- A brief written functional analysis describing the principal contributions to value creation by individual entities within the group, i.e. key functions performed, important risks assumes, and important assets used.

【担当部門】
作成：事業・経営企画部門

| レビュー：税務部門

3-2　棚卸資産取引の機能・リスク―リスクおよび重要な資産

【作成の指針と注意点】

　機能と同様にリスクについて記述します（図表2-13）。機能とリスクはほぼ同じ項目立てとなります。機能を担う法人がリスクも負う"リスク分散型"と，機能は分散しているもリスクは本社に帰属させる"リスク集中型"に，タイプが分かれるようです。ここでは，機能とリスクにつき別々に記述していますが，これは特に後者のリスク集中型に適した記載方法でしょう。リスク分散型のグループでは"機能およびリスク"としてまとめて記述したほうがすっきりするかと思います。

　記載の注意点は前項と同じですので省略します。

　重要な資産には有形資産と無形資産があります。有形資産は国別報告書で国（税務管轄地域）別で簿価純資産総額の記載が求められています。大規模な製造設備を保有している法人などがあれば，特段の説明を加えておきます。国別報告書との整合性に注意してください。

　当局は，製造法人でも労働集約型と資本集約型とでは売上規模および利益水準に違いがあると考えているために，記載が求められるわけです。資本集約型は規模が大きくリスクが高くなるため，期待収益も高くなります。戦略が当たれば超過利益も見込める一方で，外れれば大きな損失が発生します。ここで有形資産を多く抱える法人を特記すれば，当局は当該法人の利益水準が高くて当然と想定していることを念頭に置きましょう。戦略の失敗により多くの損失を抱えることもありますので，多額の設備を抱える法人が必ず高収益であるとは限りません。リスクテーカーがどの法人であるか，成功・不成功のボラティリティがどの程度の事業に従事しているのか，などの要因と絡めて，当該法人の収益性が説明可能な水準のものかを考えておきましょう。

図表2-13　機能・リスク分析：XXX グループ-A事業　棚卸資産取引の機能・リスク—リスクおよび重要な資産

- ■リスク［主たる経営上のリスクの概要］
  - ●市場リスク：市場リスクは競争の激しい市場において販売環境に逆らったり，需要を読みきれなかったり，市場開拓を怠ったり，ターゲット顧客への商品提示が的確に行われなかったりする状況において顕在化する。グローバルクライアントに対する市場リスクは本社，ローカルクライアントに対するそれはグループ各社が負う。新興国市場および新規製品市場のリスクは基本的に本社が負う。
  - ●製造リスク：…
    （以下，貸倒リスク，在庫リスク，為替リスク，製造物責任リスク，研究開発リスクなどにつきそれぞれ記述する）
- ■有形資産［A事業の有する重要な資産の概要］
  - ●XXX社が保有する重要な有形資産は研究開発設備および本社社屋である。
  - ●国外製造法人の有する重要な有形資産は製造設備である。このうち中国に所在するA社，ベトナムに所在するB社はC製品の大規模な一貫製造ラインを有している。
- ■無形資産［A事業における技術性無形資産の開発者および経済的所有者の概要］
  - ●XXX社は以下に記す資産を除き，すべての技術性無形資産の開発に従事し，それを所有し，管理している。
  - ●A社はD製品に関する無形資産の開発に従事し，それを所有し，管理している。
  - ●B社はE製品に関する無形資産の開発に従事し，それを所有し，管理している。

　無形資産では，技術性無形資産であれば，どのような技術があり，その開発主体，法的所有者，経済的所有者がどの法人であるかを記述することになります。

　無形資産はBEPSプロジェクトにおける重点課題であり，マスターファイルでも特に開示が必要とされている項目です。本テンプレートでも独立した章立てで説明することとしているため，詳細な説明は後段に譲り，ここでは開発の状況のみを概括的に記述することとしました。

　販売性無形資産は，グループロゴ，商標，ブランドなど法的所有権を有する

ものと，"のれん"や"顧客リスト"など長期にわたる市場開拓，販売等の活動の成果として積み上がってきた，法的所有権はないが経済的所有権を有するものに二分されます。

　法的所有権のある販売性無形資産は，技術性無形資産と同様に後段で記載したほうが，まとまりがよさそうです。ただし，登録はしていてもそれが経済的価値を生み出さない商標やロゴなどは，あえて記述する必要はないでしょう。"のれん"，"顧客リスト"などは法的所有権を持たない無形の財産であり，通常，帳簿には計上されません。販売性無形資産を定量的に評価する場合，過去に発生した当該事業に関連する販売費用を積み上げ計算するコスト法で計算するか，将来予測収益を現在価値に割り引き，通常の利益と見込まれる部分を差し引いた残りの利益（超過利益）のうち，技術性無形資産に帰属する部分を差し引いた残額を販売性無形資産とみなす算定方法が一般的です。ここでは，無形資産の価値を金額表示する必要はありませんが，このような計算過程から価値が認識される無形資産を想定して記載するものと認識しておいてください。

【論点】
・ローカルファイルとの整合性がとれているか。
・満遍なく行き届いた説明となっているか。

【BEPS報告書での記載要求】
Description of MNE's business
　- A brief written functional analysis describing the principal contributions to value creation by individual entities within the group, i.e. key functions performed, important risks assumes, and important assets used.

【担当部門】
作成：事業・経営企画部門
レビュー：税務部門

3-3　棚卸資産取引の機能・リスク―会社別機能分類表

【作成の指針と注意点】

【3-1　棚卸資産取引の機能・リスク―機能分析】では，グループ全体の機能を分析し簡潔な文章にまとめました。ここでは，グループ主要各社の機能の所在を個社別に表形式で記載します（図表2-14）。本項は任意記載項目であり，開示する場合にはマスターファイルの他の記載箇所，個社で作成している【ローカルファイル】および【国別報告書】との高度の整合性が求められます。

国別報告書の「主な事業活動」の区分に準じ，「研究開発」「知財管理」「調達」「製造」「販売」「一般管理サポート」「非関連者への役務提供」「グループ内資金調達」「財務管理サービス」「保険」「株式その他資本の保有」などの機

図表2-14　機能・リスク分析：XXXグループ−A事業　棚卸資産取引の機能・リスク―会社別機能分類表

XXXグループのA事業における各社の果たす機能の概要は以下のとおりである。

番号	法人名	国名	研究開発	調達	製造	販売	一般管理
1	XXX社	日本	●	●	●	●	●
2	A社	米国	▲	●	●	●	●
3	B社	中国		▲	●	▲	●
4	C社	ドイツ	●		▲		●
5				●	●		▲
6						●	●
7						●	
8					●		
9							
10					●		
11				●		●	●
12					●		▲
13				▲	●	▲	▲
14						●	▲

能分類を横軸に並べます。機能の度合いに応じて●，▲，✖（または空欄）などで大小を表現するなど，視覚性を重視して機能の分散あるいは集中を表現しましょう。

　開示した場合のメリットとしては，グループ各社の機能が一覧で目に飛び込んできますので，当局にとってグループ各社の機能の所在を理解するのが容易であることが挙げられます。一方，開示した場合の懸念事項としては，海外の税務当局（たとえば中国）から，機能が類似する他国（たとえばマレーシア）に所在するグループ他社の財務諸表の任意提示を求められる可能性があるということです。機能を同じくし，類似製品を取り扱い，事業規模も同じ程度のグループ会社の利益水準を比較し，差異があれば合理的に説明できるようにしておきましょう。

【論点】
・視覚性が十分確保された表となっているか。
・【3-1　棚卸資産取引の機能・リスク―機能分析】，各国で作成する【ローカルファイル】および【国別報告書】との整合性が保たれているか。

【担当部門】
作成：事業・経営企画部門
レビュー：税務部門

3-4　棚卸資産取引の機能・リスク―会社別リスク分類表

【作成の指針と注意点】
　【3-2　棚卸資産取引の機能・リスク―リスクおよび重要な資産】でまとめたグループ全体のリスクの概要を，ここでは表形式でグループ主要各社ごとにリスクの所在がわかるように記載します（図表2-15）。本項は任意記載項目であり，開示する場合にはマスターファイルの他の記載箇所および個社で作成している【ローカルファイル】との高度の整合性が求められます。

図表2-15　機能・リスク分析：XXX グループ-A 事業　棚卸資産取引の機能・リスク—会社別リスク分類表

XXX グループのA事業における各社の負うリスクの概要は以下のとおりである。

番号	社名	国名	市場リスク	製造リスク	貸倒リスク	在庫リスク	為替リスク	製造物責任	研究開発リスク
1	XXX社	日本	●	●	●	●	●	●	●
2	A社	アメリカ	●	●		●	●	●	
3	B社	中国		●		●			
4	C社	ドイツ	●	●	●		●	●	●
5				●	●				
6				●					
7				●	●	●	●		
8				●	●	●	●		
9				●		●			
10				●		●	●		

　前項の機能分類に準じてリスク項目を横軸に並べます。ここでは市場リスク，製造リスク，貸倒リスク，在庫リスク，為替リスク，製造物責任，研究開発リスクを並べてみました。リスクの度合いに応じて●，▲，✖（または空欄）などで大小を表現するなど，視覚性を重視してリスクの分散あるいは集中を表現しましょう。開示した場合のメリット・デメリットは前項に準じますので，省略します。

【論点】
・視覚性が十分確保された表となっているか。
・【3-2　棚卸資産取引の機能・リスク—リスクおよび重要な資産】および各国で作成する【ローカルファイル】との高度な整合性が保たれているか。

【担当部門】
作成：事業・経営企画部門
レビュー：税務部門

3-5 棚卸資産取引の機能・リスク―会社別資産分類表

【作成の指針と注意点】

【3-2 棚卸資産取引の機能・リスク―リスクおよび重要な資産】でまとめたグループ全体の重要な資産の概要を，ここでは表形式でグループ主要各社ごとに資産の所在がわかるように記載します（図表2-16）。本項は任意記載項目であり，開示する場合にはマスターファイルの他の記載箇所（【MF第5章各項】），【国別報告書】および個社で作成している【ローカルファイル】との高度の整合性が求められます。特に無形資産はBEPS報告書の注目点であり，本マスターファイルでも独立した章立てで記述している重点項目です。記載するにあたってはその要否を十分検討し，各種資料間の整合性を二重・三重に確認しましょう。

図表2-16 機能・リスク分析：XXXグループ-A事業　棚卸資産取引の機能・リスク―会社別資産分類表

XXXグループのA事業における各社の保有する有形資産および無形資産の概要は以下のとおりである。

番号	法人名	国名	有形資産	技術性無形資産	販売性無形資産
1	XXX社	日本	●	●	●
2	A社	アメリカ	●		
3	B社	中国	●		
4	C社	ドイツ	●	●	
5			●		
6					
7			●		
8			●		
9					
10					

【論点】
・視覚性が十分確保された表となっているか。
・【第5章　無形資産取引】の各項および各国で作成する【ローカルファイル】との高度な整合性が保たれているか。
【担当部門】
作成：事業・経営企画部門
レビュー：税務部門

3-6　棚卸資産取引の機能・リスク―形態別分類表

【作成の指針と注意点】
　前3項の機能・リスク・資産分類表の結果から，グループ各社がどのような形態に分類されるかをまとめ，それぞれの企業形態分類の定義および対価の決定原則（プライシングポリシー）を説明した表です（図表2-17）。
　ここでは【事業主体者】，【一般製造業者】，【制限製造業者】，【制限卸売業者】，【販売代行業者】としてみました。機能，リスクおよび資産の所在から各形態分類を定義し，簡潔に記述しています。さらに，各形態分類に区分されるグループ各社の法人名をプロットし，それぞれの分類に区分される法人の棚卸資産取引における対価の決定原則を記述します。
　本項も任意記載項目と位置付けられます。さらに本項目を開示するにあたっては，分類，定義，法人名までの開示とするか，対価の決定原則まで記述するかの開示の範囲も検討してみましょう。
　開示にあたっては，マスターファイル本章前3項および個社で作成している【ローカルファイル】との高度の整合性が求められます。
　BEPS報告書のマスターファイル記載項目の例示において，法人名の開示が明確に求められているわけではない中で，本項で開示する意義を考えてみましょう。

図表 2-17 機能・リスク分析：XXX グループ-A 事業 棚卸資産取引の機能・リスク―形態別分類表

XXX グループのA事業における法人各社は以下のとおり分類される。

分類	定義	法人名	関連取引における対価の決定原則
事業主体者	基本的に技術性無形資産および販売性無形資産を有し，事業戦略を企画する。市場リスク，在庫リスク，貸倒リスク，研究開発リスクなど主たる事業リスクを負う。	XXX社（本社）	機能・リスクの主体者として超過利益を享受し，一方で損失を負担する。
一般製造業者	技術性無形資産を有さず，限定的かつ反復的な活動，たとえば通常の製造法人が行う製造技術の改良，製品化等に従事するのみである。市場リスク，在庫リスクおよび貸倒リスクといった比較的重要なリスクを負う。	A社	基本的にルーティン利益を獲得するのみであるが，リスクの多寡に応じて超過利益を享受することもある一方，損失を被ることもある。
制限製造業者	受託製造業者であり，販売量，販売価格，在庫，保証等のリスクを負わない。アセンブリあるいは梱包などの極めて限定的な製造活動のみを行う。	B社	標準製造コストに低位安定的な相応のマージンを付加して売価を決定する。
制限卸売業者	販売性無形資産を有さず，事業主体者の管理のもと，限定的な販売活動のみ行う。価格交渉，顧客開拓は事業主体者から提供されるガイドラインに従って，または事業主体者の事前承認を受けて実行される。安定的ながら限定的な利益を獲得し，リスクもまた限定的である。	C社	第三者販売価格から低位安定的な相応のマージンを控除して仕入価格を決定する。
販売代行業者	機能は制限卸売業者とほぼ同じであるが，在庫を持たないため在庫リスクは負わず，制限卸売業者よりもさらにリスク限定的である。対価は事業主体者よりコミッション形式で支払われる。	D社	取引高に応じた一定率のコミッション受取方式，または拠点の維持コストに一定のマージンを付加した対価を受領する。

　マスターファイル，ローカルファイル，国別報告書のすべての記載内容に整合性を持たせようとする場合，グループ全体を貫く移転価格ポリシーがあれば比較的容易にそれを達成することができます。移転価格ポリシーがない場合には，結果として各資料の整合性がとれていたとしても偶然の結果であるかもしれず，今後とも保証されるかどうかはわかりません。また一方で，マスターファイル，ローカルファイルとも内容が詳細になるにつれ，整合性を持たせる

ことは難しくなっていきます。

　したがって，特に記載内容の融通性が利くマスターファイルにおいては，できるだけ簡素に記述したいというのが多くの会社の本音かと思います。このことから，記載を簡素にするにつれ，資料間の不整合があるからではないか，と疑われる余地は大きくなるのが自然の成り行きでしょう。よって，矛盾のない限り，可能な限り，開示できる範囲を広げて記述することが，自らの移転価格ポジションの正当性を主張することになるわけです。

　その一方で，実際に移転価格ポリシーがない，あるいはあっても徹底して実行されていないのであれば，記述が詳細になればなるだけ矛盾点が目立ってしまいます。この場合は本項の開示を見合わせるなど慎重に対応したほうがよいでしょう。矛盾点は，機能，リスク，資産分析，価値創造の所在，無形資産の保有・行使の状況の各資料における記載内容を整合させたとしても，その結果（利益率）に合理的な説明が不能な差異が生じてしまう場合に顕在化します。法人名を開示する場合には，本マスターファイルで開示された法人がすべからくいずれかの形態分類に区分され，漏れがないように注意しましょう。

　移転価格ポリシーは，ここでは形態分類別の大まかな原則を開示することとしました。全体を貫く原則がある場合のみ記載する意義があるかと考えます。所在する国により，また取扱製商品により移転価格算定方法が異なる場合には，詳細にすぎない程度に区分して開示することはありうるものと考えます。一方，国別，対象会社別の設定利益水準の違いなどはマスターファイルでいうところの移転価格ポリシーの範囲を超えている（ローカルファイルで開示すべき事項である）ため，記載は省略すべきでしょう。

　なお，当該形態分類に区分される法人であることは確かであるものの，当該法人がここで記述する"大まかな"対価の決定原則と矛盾する対価設定を行っている場合ですが，当該事項に言及しないことで明らかにマスターファイル全体の記述の信頼性を失わせるのであれば，当該事項を例外として記述します。あるいは「一部の例外を除き」という"断り書き"を付して，その内容の詳細な記述は省略したうえで矛盾のないように整合性を持たせます。

会社によっては，移転価格事務運営マニュアルなどの文書を作成し，グループ各社のターゲットとなる利益水準（幅）を設定して記載しているところもあります。この比較対象利益率レンジは，BEPS最終報告書13でも，3年程度の頻度で改定されることが推奨されています。

【論点】
・個社名の開示，対価の決定原則など，どこまで開示するか。
・表記内容に矛盾点はないか。
・資料間の記述内容に整合性が保たれているか。

【担当部門】
作成：事業・経営企画部門
レビュー：税務部門

4 バリューチェーン分析

ここでは，「[2] 業界分析」で記述した業界および製品の特徴と「[3] 機能・リスク分析」で記述したグループ各社の機能・リスクおよび重要な資産の分布状況から，グループ内取引の上流から下流までのどこでどのような付加価値が生み出されているかを図や文章で説明します。耳慣れない言葉だけに戸惑うところですが，それほど高度な情報提供が求められているわけではありませんので安心してください。その一方で，付加価値の分布は各国税務当局の重大関心事であるため，付加価値を自国にあると主張し合う"綱引き状態"に陥りかねず，"高度な政治的判断"が求められるかもしれないという難しさがあります。

4-1 ×××製品におけるバリューチェーンの概要

【作成の指針と注意点】

「バリューチェーン」は，その名のとおり「価値の連鎖」であり，図表2-18では上流（左）から下流（右）に並んだ本社，B社，A社，C社の各法人がどのような機能（研究開発，部材製造，完成品製造，販売）を負い，どのぐらいのコストが発生し（部材製造など），どのような付加価値（製造機能利益など）を獲得しているかが示されています（図表2-18）。マスの大きさ（高さ）がコストおよび価値の大きさを示し，取引の連鎖によりコストおよび付加価値が転嫁され，最終的に販売会社から第三者に販売される価格にすべてのコストと付加価値が乗っていることがわかります。このように，横に機能を連ねて縦でコストおよび価値を表現することで，価値の流れと大きさを1つの表で示すことができるので便利です。

図表2-18 バリューチェーン分析：×××製品におけるバリューチェーンの概要

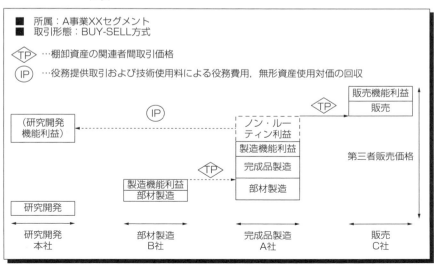

ここでは独立した章立てでバリューチェーンを記述していますが，【3-1 棚卸資産取引の機能・リスク―機能分析】と併せて記述する方法もあるでしょう。どちらのほうが座りがよいか，記述の方法を考えてみましょう。

　バリューチェーンのフォーマットは，一定ではなく，企業にとって最も書きやすい形をみつけていく必要があります。取引ボリュームに応じて，あまりにも小さいものは省略するといった思い切りも必要ですが，一方で，金額は小さくても無形資産取引などで価値創造の観点からは重要性の高い項目もあり，判断が必要になります。

　たとえば，図表2-18では機能と発生コストおよびその機能に見合う利益は表記されていますが，リスクと重要な資産，特に簿外となっている経済的所有権を有する無形資産が表示されないため，場合によっては機能と発生コストに比べて大きな利益が配分されていると見える図になってしまうかもしれません。この場合には，バリューチェーン図の下段にでも，リスクと（無形）資産がある旨を注記して，配分された利益とのバランスを取ります。

　棚卸資産取引は比較的表記しやすいのですが，技術性無形資産の使用料取引，本社による役務提供取引などの取引の表現は，意外に難しいところがあります。特に，研究開発機能・費用と利益（図では「ノン・ルーティン利益」で表記）は，会計上の研究開発費用の計上が一括費用化のために先行したり，償却処理で逆に遅行したりしますので，使用料収入と対応しているように見せるのに苦労します。厳密な作図が求められているわけではないので，研究開発機能・費用のマスの大きさを（ノン・ルーティン）利益のそれに見合うように，ある程度調整するテクニック的な処理も可とします。

【論点】
・機能（およびリスクと資産）に見合う利益となるよう作図されているか。
・役務，使用料などの貿易外取引が抜け落ちていないか。

【BEPS報告書での記載要求】

Description of MNE's business
　- A brief written functional analysis describing the principal contributions

to value creation by individual entities within the group, i.e. key functions performed, important risks assumes, and important assets used.

【担当部門】
作成：事業・経営企画部門
レビュー：税務部門

5　無形資産取引

　ここでは，BEPS最終報告書13でも重点項目とされる，無形資産に関する情報をまとめて記述します。多くの図表を紹介していますが，企業グループによっては無形資産が経営上の重要な資産ではないこともあります。その場合はあえて多くのページを割くことはせず，さらりと記述すればよいでしょう。マスターファイル全体のバランスを考え，重点項目だからといって自社に関係が薄い事項まで多く記述する必要はありません。記載項目は外さないようにして分量が相当となるように調節しましょう。

5-1　無形資産の開発，所有，管理および使用の方針

【作成の指針と注意点】
　本項では，下記の各種資料を参考にして無形資産に係るグループの管理方針を記述します。参考となる既存資料としては，
　　・有価証券報告書「研究開発活動」
　　・関連部門が有する事業計画書
　　・中長期経営計画
などが考えられます。

> **図表2-19** 無形資産取引：XXXグループ-A事業　無形資産の開発，所有，管理および使用の方針

> - XXX社がパテント，ノウハウを含む無形資産の開発，管理および維持の最終責任を有し，その法的所有権を有することを原則としている。以下はその例外である。
>   - A製品に関する無形資産はA社が主体的に開発を担当し，その法的所有権を有している。
>   - B製品に関する無形資産は，…
> - 開発された無形資産のグループ内での譲渡に際しては，市場価値を原則とし，またはDCF法により将来において稼得されうるキャッシュフローを合理的に計算してその対価を決定する。
> - 開発された無形資産のグループ内での使用に際しては，開発原価と当該技術を使用して稼得される将来の予測売上高および使用可能年数から割り出される料率をその対価とする。ただし，当該技術を使用する会社が立ち上げ段階にあるために当初の損益状況が芳しくないなどの特別な事情がある場合には，対価の徴収を一定期間猶予することがある。

　図表2-19を見てみましょう。最初に無形資産の開発と法的所有権の持ち方の原則を述べ，その例外を列挙してみました。次に，無形資産の譲渡対価決定の原則および無形資産の使用対価の原則と例外処理につき記述しています。詳細に書こうと思えばいくらでも細かくなりそうな項目だと思います。イメージ的には，この程度のざっくり感が残る表記に留まらざるをえないでしょう。

　研究開発拠点情報などは後項に譲り，ここでは開発，所有，管理，使用の方針についてまとめましょう。

【論点】
・必要項目に最低限の言及があるか。

【BEPS報告書での記載要求】

MNE's intangibles

　- A general description of the MNE's overall strategy for the development, ownership and exploitation of intangibles, including location of principal R&D facilities and location of R&D management.

- A general description of the group's transfer pricing policies related to R&D and intangibles.

【担当部門】

作成：研究開発部門，法務部門，事業・経営企画部門

レビュー：税務部門

5-2　重要な無形資産および法的所有者リスト

【作成の指針と注意点】

　下記の各種資料を参考にして，A事業の重要な無形資産とその法的所有者のリストを記述します（図表2-20）。参考となる既存資料としては，

　・法務部が所有する「特許一覧」

　・有価証券報告書「経営上の重要な契約等」

などが考えられます。

　どこまで開示するかの基準設定が必要ですが，特許一覧や契約リストをそのまますべて開示する必要はありません。

　ここでは，無形資産を特許登録番号，社内識別番号などと併せて開示してい

図表2-20　無形資産取引：XXXグループ-A事業　重要な無形資産および法的所有者リスト

XXXグループのA事業における重要な無形資産および法的所有者は以下のとおりである。

法人名	国名	セグメント	無形資産の名称	登録番号／識別番号
XXX社	日本	Aセグメント	XXXに関する特許権	XXXXXX
		Bセグメント	XXXに関する特許権	XXXXXXX
		Cセグメント	XXXに関する実用新案権	XXXXXX
YYY社	XXX	Aセグメント	XXXに関するパテント	XXXXXX
ZZZ社	XXX	Aセグメント	XXXに関するパテント	XXXXX

ますが，BEPS では単に「無形資産のリスト」とあるのみで，契約リストの開示を求めているわけではありません。契約書ベースでリストアップするのではなく，無形資産の内容や開発拠点別に，あるいは法的所有者別，事業・セグメント別にリストを作成することもよいでしょう。

顧客リスト，販売ネットワークなどの非特許かつ簿外の無形資産は，リストアップするのが適当であるかどうか判断が分かれるところでしょう。判断の参考としては，他社と比べて差別化できるユニークな場合においては無形資産と認識してリストアップし，価値を生まないものであれば省略する，というところでしょうか。移転価格算定方法（TPM）で残余利益分割法を採用して，無形資産を認識している場合などでは，その認識に沿った記述が必要になります。

【論点】
・契約書別に取りまとめるか。
・特許登録番号，社内識別番号などを開示するか。
・非特許・簿外無形資産の取扱い。

【BEPS 報告書での記載要求】
MNE's intangibles
 - A list of intangibles or groups of intangibles of the MNE group that are important for transfer pricing purposes and which entities legally own them.

【担当部門】
作成：研究開発部門，法務部門
レビュー：税務部門

5-3 無形資産の開発状況

【作成の指針と注意点】
　ここでは，基礎研究，製品開発，受託研究開発などの開発活動別に，国名，社名と続け，開発内容を記述しています（図表２-21）。あるいは開発拠点を軸

図表2-21 無形資産取引：XXX グループ-A 事業　無形資産の開発状況

- 製品開発活動は，日本に所在する製造拠点において各事業グループごとに設置される製品技術開発部によって行われる。基礎研究および調査活動は，日本に所在する開発センターにて行われる。
- 通常の技術改良および製造工程改善活動は，工場を有する各社にて行われる。

無形遺産開発活動	国名	XXX グループ社名		内容
基礎研究	日本	XXX社	開発センター1	XXXに関する研究開発
			開発センター2	XXXに関する研究開発
			開発センター3	XXXに関する研究開発
製品開発	日本	XXX社	開発センター3	XXXに関する研究開発
	XXX	XXX		XXXに関連する技術およびノウハウの開発
	XXX	XXX		XXXに関連する技術およびノウハウの開発
受託研究開発	XXX	XXX		XXX社より委託される受託研究開発活動
	XXX	XXX		
	XXX	XXX		

にして開発活動およびその内容と続けるまとめ方もあるでしょう。どちらが視覚性に優れているかを比べて判断しましょう。重要な研究開発拠点は，国別報告書での社名開示が必要となります。こちらも漏れなく記載するようにしましょう。

【論点】
・拠点名，内容など，どの程度の開示とするか。

【BEPS 報告書での記載要求】
MNE's intangibles
　- A general description of the MNE's overall strategy for the development, ownership and exploitation of intangibles, including location of principal R&D facilities and location of R&D management.

【担当部門】
作成：研究開発部門，法務部門

| レビュー：税務部門

5-4 無形資産に関する契約―技術使用許諾契約

【作成の指針と注意点】

　ここでは，重要な無形資産に係る契約状況（ライセンス契約）を記載します。金額基準を自主的に設定し，年間ロイヤルティ授受の額が1億円超の取引としました。

　図表2-22では，契約ごとにライセンサー，ライセンシー，契約日，期間，内容，対象商品，対価と詳細に記載していますが，BEPS最終報告書13で求められている情報が，無形資産に関連するグループ間の"重要な契約リスト"とあるのみですので，契約内容とライセンサー，ライセンシー各法人名のみの記述とすることでも足ります。

　無形資産の対価設定の概括的説明は【5-1 **無形資産の開発，所有，管理および使用の方針**】で記載してはいますが，ここでは任意記載事項として技術使

図表2-22 無形資産取引：XXXグループ-A事業 無形資産に関する契約―技術使用許諾契約

ライセンサー	ライセンシー	契約日	期間	内容	対象製品	対価
XXX社（日本）	XXX	2012/11/1	5年（毎年自動更新）	XXX製品製造に係るXXXグループに帰属する技術情報およびノウハウの提供	XXX	第三者売上高のX%
XXX社（日本）	XXX	2007/4/1	10年（毎年自動更新）	XXX製品製造に係るXXXグループに帰属する技術情報およびノウハウの提供	XXX	第三者売上高のX%
XXX社（日本）	XXX	2006/4/1	5年（毎年自動更新）	XXX製品製造に係るXXXグループに帰属する技術情報およびノウハウの提供	XXX	第三者売上高のX%

＊上記契約リストは，XXXグループ-A事業における年間ロイヤルティの授受が1億円を超える契約について記述している。

用許諾契約の対価設定のポリシーを「売上高の×％」というように定めている事実を表現してみました。設定水準が各国で同様の場合に問題がありませんが，マレーシアでＸ％，中国で（X-1）％のように実際には差異がある場合の開示は要注意です。契約の内容および各国のローカルファイルの記述内容を確認してください。

複数の販売子会社あるいは製造子会社に同様の技術を提供する場合には，ライセンサー（本社）に対してライセンシー（子会社）を複数記述する，１対多方式の表記もわかりやすくてよいでしょう。

【論点】
・開示の程度をどこまでと決めるか。
・対価（料率）の国ごとの不整合に注意し差異がある場合は無理に開示しない。

【BEPS報告書での記載要求】
MNE's intangibles
　- A list of important agreements among identified associated enterprises related to intangibles, including cost contribution arrangements, principal research service agreements and license agreements.
　- A general description of the group's transfer pricing policies related to R&D and intangibles.

【担当部門】
作成：研究開発部門，法務部門
レビュー：税務部門

5-5　委託研究開発契約

【作成の指針と注意点】
　ここでは重要な委託研究開発契約を記述します（図表２-23）。このほか，無

図表2-23 無形資産取引：XXXグループ-A事業 委託研究開発契約

委託者	受託者	契約日	期間	内容	開発成果の帰属	対価の額	対価の決定方法
XXX社（日本）	AAA	2013/4/1	1年（両者合意に基づき同条件で更新）	XXXに関する開発	委託者	XXX米ドル	AAA社にて生じた開発コスト実額
XXX社（日本）	BBB	2012/4/1	1年（両者合意に基づき同条件で更新）	XXXに関する開発	委託者	XXX人民元	開発コスト実額にX％のマークアップを加算した額
XXX社（日本）	CCC	2012/4/1	1年（両者合意に基づき同条件で更新）	XXXに関する開発	委託者	XXX日本円	開発コスト実額にX％のマークアップを加算した額

形資産関連でリストアップが要求されている取引には，コストシェアリング契約，主要研究開発服務契約があります。契約件数がそれほど多くないのであれば，【5-4 無形資産に関する契約―技術使用許諾契約】にすべての無形資産に関連する各種契約を一括記載することも認められます。

ここでは，委託者，受託者，契約内容を必須記載事項，契約日，期間，開発成果の帰属，対価の額，対価の決定方法を任意記載事項とします。同様あるいは類似の委託内容につき対価の設定水準に説明不能の差異が認められる場合には，任意記載事項の開示を慎重に検討してください。

【論点】

・開示の程度をどこまでとするか。

・対価（料率）の国ごとの不整合に注意し差異がある場合は無理に開示しない。

【BEPS報告書での記載要求】

MNE's intangibles

　- A list of important agreements among identified associated enterprises related to intangibles, including cost contribution arrangements, principal

research service agreements and license agreements.
　- A general description of the group's transfer pricing policies related to R&D and intangibles.

【担当部門】
作成：研究開発部門，法務部門
レビュー：税務部門

5-6　無形資産のグループ内移転

【作成の指針と注意点】

　対象年度に発生した重要な無形資産のグループ内移転取引につき，既存資料を利用して記述します（図表2-24）。参考となる資料としては，
　・連結財務諸表　注記
　・稟議書
などが挙げられます。

　ここでは重要性の判断として，1億円以上の無形資産移転取引につき記述するとしましたが，金額の設定はグループにより異なるでしょう。また，無形資産の移転では有償譲渡だけでなく，無償譲渡，合併・分割・現物出資等の組織再編に付随した移転もありますので，漏れなく記載する必要があります。

　税務当局が注目しているのは，特に有償譲渡"以外"のこれらの無形資産の実質的な移転の事実であり，その対価の合理性です。有償譲渡では比較的，合理的な対価設定が導き出されます（ここではDCF法により合理的な対価を計算したことが示されています）が，組織再編の一環としての無形資産の移転では，対価が他の資産と混在してしまうなど見えにくくなってしまいますし，無償譲渡においては，そもそも無償で譲渡してよいものか，という疑念が自然に生まれます。

　本項はマスターファイルの記載項目中でも注目度が高いものと認識して記載

内容に注意するとともに、漏れのないように移転取引をピックアップしましょう。

【BEPS報告書での記載要求】

MNE's intangibles

 - A general description of any important transfers of interests in intangibles among associated enterprises during the fiscal year concerned, including the entities, countries, and compensation involved.

【担当部門】

作成：事業・経営企画部門，研究開発部門

レビュー：税務部門

図表2-24　無形資産取引：XXXグループ-A事業　無形資産のグループ内移転

対象年度における1億円以上の無形資産のグループ内移転の状況は下記のとおりである。

項目	内容
背景	XXX社は制限製造業者であり，YYY USAとZ製品に関する基本合意書を2011年4月に調印している。XXX米国はこれまで当該製品の研究開発計画を企画し，費用を負担してきたが，XXXグループとして，XXX社を主体者，YYY USAを制限卸売業者およびアフターサービス業者と位置付ける決定を2013年4月に行った。結果として，YYY USAの開発していた無形資産をXXX社に有償譲渡することとなった。
移転日	2013年4月1日
譲渡者	YYY USA（米国）
譲受者	XXX社（日本）
対象無形資産	Z製品開発に関する無形資産（設備等一部有形資産も同時に譲渡）
対価の額	X百万米ドル
評価方法	DCF法
付記事項	毎年，予測損益と実際損益の結果を比較し，X%以上乖離する場合において対価を調整する。 XXX社はYYY USAに対し関連情報を開示する義務を負う。 対価の調整期間は10年とする。

6 役務取引

ここでは，グループ内役務取引の概要を説明します（図表2-25）。グループによっては，役務取引は全体からみてそれほど重要ではない場合もあるでしょう。その場合はあえて多くのページを割くことはせず，必要最小限の記述に留めてください。

6-1 グループ内役務取引の概要

【作成の指針と注意点】

ここではグループ内役務の種類と担当部門を記述します。次項への導入部分として役務を提供する部門と役務内容の概略をここで記述することで，明瞭性が増すものと考え作成しましたが，省略することも可とします。

図表2-25 役務取引：XXXグループ-A事業　グループ内役務取引の概要

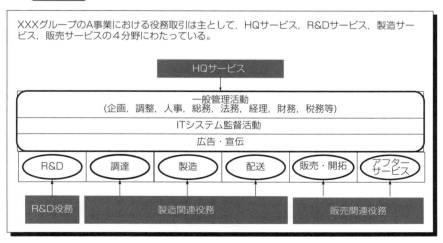

【担当部門】
作成：総務・人事部門，研究開発部門
レビュー：税務部門

6-2 グループ内役務取引の概要（役務形態別）

【作成の指針と注意点】
　事業単位でマスターファイルを作成する場合の注意点として，役務提供活動ではA事業だけでなくXXXグループ全体での横断的な基準が存在する場合があるため，当該事業部のみならずグループ全体のポリシーを確認して記述することが重要です。

　ここでは「Headquarters（HQ）サービス」「R&Dサービス」「製造サービス」「販売サービス」の各形態に属する役務，たとえばHQサービスにおける「一般管理」「広告宣伝」「ITシステム」それぞれの内容を概述しています。

　さらに，BEPS最終報告書13で必須記載事項として列挙されている「対価設定基準」も開示しました。実際には記載の程度の判断が難しいと感じることかと思います。多くの場合，役務対価はアブセンスフィー，つまり業務に関わった人員の直接人件費と間接費用の賦課，ならびに合理的なマークアップから構成される時間単価や日当に実際発生時間や出張日数を乗じて算定されることが多いようです。役務対価がアブセンスフィー方式で決定されるのであれば，その構成要素や計算過程を開示します。図表２-26ではR&D，製造，販売の各サービスでマークアップ率が役務の複雑性に応じて異なる状況（X%／Y%／Z%）を示しています。また，HQサービスでは発生費用のみでアブセンスフィーが構成され，マークアップがされていないことを示しています。

　注意すべきは，HQサービスの対価設定基準で記載されている【請求範囲は「XXXグループ管理費用規則」の関連条項に準拠する】の一文です。請求範囲の確認のためには，実際に「XXXグループ管理費用規則」を参照しなけれ

図表2-26 役務取引：XXXグループ-A事業　グループ内役務取引の概要（役務形態別）

【役務の形態】グループ内役務取引は4形態に分類され，それぞれの役務の内容は以下のとおりである。

	形態	役務内容	対価設定基準
1	HQサービス	●一般管理：企画，調整，人事，総務，法務，経理，財務，税務等の各種業務支援 ●広告宣伝：子会社の宣伝活動支援 ●ITシステム：子会社のITシステム導入とメンテナンス	●業務に関わった人員の直接人件費および間接人件費ならびに出張費用を計算し請求する ●請求範囲は「XXXグループ管理費用規則」の関連条項に準拠する
2	R&Dサービス	●基礎研究開発：基礎研究（技術開発センター，技術開発調査センター）部門が委託を受けて行う基礎研究開発 ●製品化調査：製品化と量産に関する委託研究開発	●発生する実際原価に，付加価値の度合いに応じて，X％／Y％／Z％の異なるマークアップ率を適用・加算して請求する
3	製造サービス	●集中購買：原材料の集中購買を支援するサービス／付加価値の度合いは調達部材の多様性と分量および輸送地により異なり，サービスの対価もその複雑性に応じて異なる ●製造支援：製造工程上の工夫，合理化などのアドバイスの提供 ●配送：最終製品の配送経路と配送手配に関連する役務	●発生する実際原価に，付加価値の度合いに応じて，X％／Y％／Z％の異なるマークアップ率を適用・加算して請求する
4	販売サービス	●販売支援：すべての販売活動に関連するサービス ●アフターサービス：メインテナンス，運用，補修に関するサービス	●発生する実際原価に，付加価値の度合いに応じて，X％／Y％／Z％の異なるマークアップ率を適用・加算して請求する

ばならず，マスターファイルの読み手としてはどうしても追加資料として請求したくなるのが心情でしょう。マスターファイルで他の資料名を記載すると，芋蔓式に記載した資料の提出要求が届くことになるので注意しましょう。ここでは悪い例として記載しました。

　また，技術使用許諾契約のように契約提供者，被提供者，役務内容，対価の額，対価の決定方法，という契約別の様式でまとめることもできるでしょう。

その場合，たとえば本社がA社とB社に同一の役務を提供しており，A社とは役務契約を締結しているが，B社とは締結していない，あるいはマークアップ率に差がある場合には記述に注意しなければなりません。

また，全体のバランスを考えて，役務取引だけ詳細に書き込みすぎることのないようにしなければなりません。実際に調査してみると，役務取引は極めて多岐にわたっており，取引の数が多くてグループ全体での実態の把握や契約のチェックまで，本社側で手が回っていないケースが多いと思われます。関連取引の重点は棚卸資産取引なのですが，そこでは移転価格ポリシーの開示が明示的に求められていないことから記述を省略し，他方で役務取引のポリシー記述が詳細であれば，どうしても棚卸資産取引のポリシーもあるはずだ，となるでしょう。ポリシーを記述するにおいては，かように慎重に慎重を期して行いましょう。

【論点】
・同一・類似の役務提供行為に対して一方で契約があり，他方ではないなどのばらつき，あるいは対価設定水準の差異などがないか。
・「グループ管理費用規則」など参照資料名を開示してよいか。
・ポリシーの記載に関しては正確性だけでなく全体バランスも考慮する。

【BEPS報告書での記載要求】
Description of MNE's business
　- A list of brief description of important service arrangements between members of the MNE group, other than R&D services, including a description of the capabilities of the principal locations providing important services and transfer pricing policies for allocating services and costs and determining prices to be paid for intra-group services.

【担当部門】
作成：総務・人事部門，研究開発部門
レビュー：税務部門

7 金融取引

　ここでは，グループ内金融取引の概要を説明します。多くの企業のグループ内金融取引は，会社間の損益バランスに大きな影響を与えるものではないと思われますが，一方で税務部門が関与しない形で融資等の関連者取引が行われているケースも散見されます。いずれにしても多くのページを割くことはせず，必要最小限の記述に留めてください。以下に要記載項目を列挙しますが，該当なしの場合は作成不要です。

7-1 金融活動の概要

【作成の指針と注意点】

　ここでは，有価証券報告書「経営上の重要な契約等」「借入金等明細表」などの既存資料を利用してグループ金融についての概要を記述します（図表2－27）。

　銀行等グループ外からの資金調達およびグループ内での資金融通の概要を，文章または図を用いて説明します。資金の相互融通あるいは保証提供などが中心となります。

　次に，グループ会社間の金銭貸借における金利水準（および保証料水準）の決定ポリシー（LIBOR＋スプレッド等）につき記述します。

　グループ会社間の金銭貸借取引の承認プロセス（例：HQの○○部門に相談→借入部門CEOの承認など）についても記述することが望ましいでしょう。

　また，A事業だけでなく，XXXグループ全体での横断的な基準が存在することが多いので，当該事業部のみならずグループ全体のポリシーを確認することが必須です。

> 図表2-27　金融取引：XXX グループ-A事業　金融活動の概要

A事業の金融活動の概要
- XXX グループのA事業本社における資金調達は，A事業カンパニーに擬似的に帰属する資本金を中心とするほか，設備調達や子会社への出資の資金として銀行からの長期借入れもある。
- XXX グループのA事業子会社における資金調達は，子会社の資本金を中心として，子会社自らの信用による銀行借入れ，または本社保証による銀行借入れを主体とし，一部地域において本社借入金，いわゆる親子ローンを組む場合もある。

グループ内金銭貸借取引の対価設定
- グループ内金銭貸借の金利は，基準金利にXX%のスプレッドを加算して設定される。
- 短期決済資金金利はLIBORと同率とする。

グループ内金銭貸借取引の承認プロセス
- 借主貸主ともにXXX本社の承認を受ける。
- XXX本社はグループの金融取引をモニタリングする。個々の取引の最終決定は，参与するグループ個社のCEOの判断による。

【BEPS報告書での記載要求】

MNE's intercompany financial activities

- A general description of how the group is financed, including important financing arrangements with unrelated lenders.

- A general description of the MNE's general transfer pricing policies related to financing arrangements between associated enterprises.

【担当部門】

経理（連結決算）・財務部門

7-2　キャッシュプーリングの概要

【作成の指針と注意点】

　キャッシュプーリングは BEPS 最終報告書13で例示のある要記載項目です（図表2-28）。実施していない企業では前項でその旨言及しておけばよいでしょう。記載事項は下記のとおりです。

・キャッシュプールのリーダー
・キャッシュプールの目的
・資金負担および貸借の方法，金利設定の方法
・使用通貨
・キャッシュプールのリーダーが外部の銀行から借入れを行う際にキャッシュプールが有利な点（個別借入れとグループ借入れの差）

　また，キャッシュプーリングに類似する金融活動である債権債務のネッティ

図表2-28　金融取引：XXX グループ-A 事業　キャッシュプーリングの概要

キャッシュプーリング
- XXX グループ-A 事業は地域ごとにファイナンスセンターを有している。
- 超過キャッシュの集約とファンディングの供給は日々自動決済で行われる。
- 利息は日々の LIBOR プラス XX% で決定される。

ネッティング
- 債権債務のグローバル・ネッティングはキャッシュプーリングとともに活用されている。
- XXX グループ-A 事業のいくつかの会社が参加しており，海外取引手数料は各参加者より支払われる。
- ネッティング参加法人リスト
 ・米国：XXX,XXX
 ・欧州：XXX,XXX
 ・アジア：XXX,XXX

ングを実施している場合には，ここでその概要を説明するのがよいでしょう。

【BEPS報告書での記載要求】

MNE's intercompany financial activities

- The identification of any members of the MNE group that provide a central financing function for the group, including the country under whose laws the entity is organized and the place of effective management of such entities.

【担当部門】

経理（連結決算）・財務部門

|添付1| 連結財務諸表の状況

【作成の指針と注意点】

　連結財務諸表をマスターファイルの最後に添付します。連結財務諸表が適当でない場合には，他の財務報告書類，その他規則・管理会計・税務等の目的で作成される財務数値で代用することも可とします。

【BEPS報告書での記載要求】

MNE's financial and tax positions

　- The MNE's annual consolidated financial statement for the fiscal year concerned if otherwise prepared for financial reporting, regulatory, internal management, tax or other purposes.

【担当部門】

経理（連結決算）・財務部門

添付2　APAの状況

【作成の指針と注意点】

　既存のユニラテラルAPAおよび国家間の所得配分に関するその他のルーリングのリストと簡単な説明を記載します。該当なければ記載は不要です。これまで締結国以外で求められることのなかったユニラテラルAPAの内容が，特に取引相手国所在地税務当局へ開示されることで，税務調査につながる可能性が高くなります。

　税務調査の事後対応として，正式なユニラテラルAPAと認められるレベルのものではないとしても，所轄税務当局との間で合意された取決めが存在する場合があります。たとえば中国では移転価格の税務調査が終了した後の5年間を経過期間として，税務当局が被調査会社の損益状況を観察し，更正を受けた（または自主的に修正申告をした）課税所得水準（多くの場合は営業利益率）に達しない場合には，更正水準にまで加算申告を要求する実務があり，これをユニラテラルAPAに準じた合意事項として企業との間で書面を取り交わすことがあります。ここでいう"所得配分に関するその他のルーリング"に該当すると考えられますが，記載の要否は全体に与える影響の多寡によって決定されるべきでしょう。

　最近施行された米国の改訂APA手続においても，ユニラテラルAPAの締結は相対的に困難なものになってきており，企業にとってユニラテラルAPAを選択することについては，今後は極めて慎重にならざるをえなくなっていくと考えられます。

【BEPS報告書での記載要求】

MNE's financial and tax positions

　- A list and brief description of the MNE group's existing unilateral advance pricing agreements (APAs) and other tax rulings related to the allocation of income among countries.

【担当部門】

税務部門

第 3 章

マスターファイル作成の要点

ここまで読み進んでこられた皆さまは，マスターファイルのでき上がりイメージをつかんでいただくことができたのではないかと思います。本章では，グローバル対応マスターファイル（GMF）を作るための社内体制や業務分担，スケジュールなど実務的な面につき解説してみたいと思います。

1　"早めに" "ユルく" 始める

まずは当面の目標をはっきりとさせましょう（図表3-1）。最初から完璧なGMFを作ろうと意気込む必要はありません。まずは合格点，そうですね，65点ぐらいのGMFを作ることを目指しましょう。合否が一発で決まる入学試験ではないのです。間違えては直して合格点にたどり着くことができる運転免許試験ぐらいに考えてみてはどうでしょうか。まずは"未完のGMF"を作成してみましょう。

一方，早めの対応は肝心です。3月決算会社では2017年3月期決算のGMFを2018年3月末までに提出することとなりますので，猶予はそれほどありません。

"早めに" "ユルく" 始めるのは，最初から作り込みすぎないようにするためという積極的な意味を持っています。平成28年度税制改正により本邦のマスターファイル記載要件は定まりましたが，GMFは海外税務当局の関心事であり，あえていえば日本本社の作るGMFを"虎視眈々と"狙っています。

日本のみならず各国の税制の行方を見定めながらGMFの内容を固めていく，"走りながら作り込む"姿勢が必要とされるわけです。最終的に切り捨てる情報もあると思いますが，走る方向（当面の目標）と負荷（作業の範囲）を定めて，ペースよく（想定作業期間内に）終わらせることです。

プロジェクトチームは経理・税務部員だけでなく社内の人的リソースを広く活用しましょう。GMFは毎年提出するものですので，作った後の運用状況の

図表3-1　作成の要点

> - まずは社内で共有できる「たたき台としてのGMF」を作成する
>   - 形にすることが大事＝まずは試作品を作ろう
>   - 満点ではないが合格点のGMF＝改善を経て完成品へ
> - 早期対応の重要性
>   - 海外税務当局への対応が後手に回らないように
> - 作り込み過ぎないことの意味
>   - 日本のBEPS対応実務が定まっていない
>   - 各国の法制の動向に柔軟に対処できるように備える
>   - 現時点でのGMFは未完成品で十分
>   - 作業量を絞り込んでプロジェクトを始めよう
> - 社内リソースの活用
>   - GMFの今後の的確な運用と適時修正に主眼を置く
>   - 税務・経理部だけでなく事業部／法務／研究開発等各部の参画が重要
> - 試作GMFの社内での有効活用＝GMFの精度向上に必須
>   - 関連取引の対価設定のあり方を議論する
>   - 本社費用や研究開発費用の回収方法を考える

　確認と適時更新が必要です。運用確認と適時更新には事業部，製造部，法務部，研究開発部などの協力が必要ですので，GMF試作段階から参画してもらいましょう。

　多くの社員が参画して作った未完の"試作GMF"は，おそらくいろいろな矛盾をはらんでいます。たとえば，「そのまま記述したら海外の税務当局に疑念を抱かせる曖昧な価格設定ポリシー」，「本社事業部と海外子会社で主張が異なる市場戦略」，「取れるところから取っているために基準がばらばらな技術使用料の料率」などです。問題があぶり出されたことは吉と考えましょう。いずれは解決しなければならない経営上の課題です。同じグループだからなんとなく業務が回っていたわけですが，税務的観点からみればモヤモヤとしているポイントです。関連取引の対価設定のあり方や研究開発費の合理的な負担を考え，結論を出すことは，GMFの精度向上のためにも必要なことです。

2 社内体制の構築と進め方

図表3-2 コアチームとプロジェクトチームの体制構築

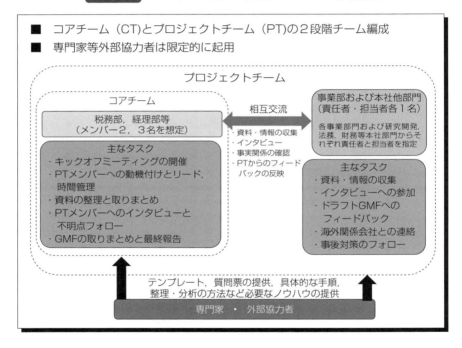

2-1 2段階チーム編成

次に，社内の体制について考えてみましょう。

GMF試作プロジェクトチームは，税務部，経理部など会計税務部門の人員を中心として編成されるコアチーム（CT）と，海外法人の主管部門である事

業部や研究開発，法務，財務などの本社機能部門の人員から成るプロジェクトチーム（PT）の2段階チーム編成とします（図表3-2）。コアチームの長は経理担当役員に就いてもらい，海外法人などグループ会社の動きが鈍いときに檄を飛ばしてもらいます。実務チームとしてはマネジメントに報告する部長，課長クラスの方，その下に資料収集，読み込み，データ打ち込み，連絡業務などを嫌がらずにこなすイキのいい若手社員がほしいところです。

コアチームの主なタスクとしては，
① キックオフミーティングを主催してPTメンバーに当プロジェクトの意義を伝える
② PTメンバーを常時フォローし，動機付け・リード・時間管理をする
③ 収集した資料を整理し取りまとめる
④ PTメンバーにインタビューし，また資料の不明点などを質問・確認する
⑤ GMFとして視覚化し報告書としてまとめ，マネジメントに報告する

となります。プロジェクトチームのメンバー構成としては，最小単位として事業ユニットごとに責任者，担当者各1名を任命しましょう。こちらも事業ユニットの責任者には海外法人に睨みのきく人物に就いてもらい，海外法人からの情報収集が遅れる際に尻を叩いてもらいます。

プロジェクトチームの主なタスクとしては，
① 所属する事業および海外法人に関係する資料・情報の1次収集
② CTの主宰するインタビューへの参加
③ CTの作成するGMF案へのフィードバック
④ 海外関係会社との連絡
⑤ GMF作成の過程で浮かび上がってきた勘案事項に対する解決策の検討，GMF運用確認のための体制引継ぎ

となります。

コアチームとプロジェクトチームは，常に相互に情報を交換して，GMF作成という共通目標に向けて意識を高く保ちましょう。多くの会社では，プロ

ジェクトに専属とできるほど人的余裕はないかと思います。メンバー各人の負荷は一時的に高くなるわけですので，モチベーション維持のためにも，企業グループ全社員から認知されリスペクトされていると思えるようにしてあげたいものです。

多くの会社ではGMFの作成が初めてでしょうから，専門家，外部協力者の起用は有効な手段だと思います。GMFテンプレートおよびPT・海外法人に質問する項目や質問票様式の提供を受けたり，プロジェクト進行の具体的な手順の指導を受けたり，資料整理や分析の方法などの必要なノウハウの提供を受けたりと，その起用ポイントは多岐にわたります。しかしながら，専門家はあくまでも外部からの協力者にすぎません。プロジェクトの中心は今後ともGMFの運用を担う社内の人員ですので，専門家は目的をはっきりさせて限定的に起用されるのがよいかと思います。

2-2 作業分担

GMFの記載項目ごとに，CTとPTの役割分担と作成の要点をみていきましょう（図表3-3）。

記載各項目で第一義的に実施の中心を担うのは，PTメンバーです。CTはそのサポートに回ります。事業の概要や業界分析などは各事業部が多くの情報を持っているでしょうから，それをうまく引き出してまとめればよいわけです。

CTは先行して情報が出てきた事業部を参考例として，他の遅れている事業部にまとめ方のノウハウを提供するなど，横展開をしてみましょう。また，事業の成功要因は事業部からすると誇らしいものですので，多少の誇張が入っているかもしれません。CTは，冷静な判断で客観的な記述となるように修正を施す必要も，時にはあります。

機能・リスク分析とバリューチェーン分析は，PTメンバーにとっては不慣れなところなので，CTと共同で実施する必要があるでしょう。GMFの最終

図表3-3　GMFの記載項目と作成の要点ならびに作業分担

- マスターファイルテンプレートに基づいてプロジェクトチームが資料・情報を収集し，整理してコアチームに提供
- コアチームはプロジェクトチームから提供される資料情報を取りまとめてGMFに落とし込み

GMFの記載項目	PT	CT	作成の要点
事業の概要	実施	サポート	●アニュアルレポートやウェブサイトの既存の情報を使って概要を整理する ●対象会社の選定基準の設定と絞り込みがポイント ●セグメント別に作成する場合には，あるセグメントを参考例として先に作成
業界分析	実施	サポート	●事業部が有する業界情報を活用して市場の概要と成功要因を記述する ●成功要因は利益の源泉であり，各社の利益配分に直結することに注意
機能・リスク分析 （主に有形資産）	共同で実施		●個社別の記述ではない集団としてのハイレベルな機能・リスクを記述する ●対象会社別に機能・リスク分類表を作成する ●対象会社を機能・リスクからみた企業類型に分類する
バリューチェーン分析 （主に有形資産）	共同で実施		●取引類型またはセグメントごとのバリューチェーンのフロー表を作成する ●質問票への回答，インタビューに基づいてある業務フローを参考例として先に作成し，他の取引類型，セグメントに横展開する
無形資産取引	実施	サポート	●法務部と連携し，無形資産の所有状況，契約関係を整理する ●研究開発部門と連携し，無形資産の開発状況と費用負担の情報を整理する ●対価設定ポリシーを記述する
グループ内役務	実施	サポート	●海外事業，人事部等と連携し，取引の全容と取引額を把握し図表にまとめる ●取引形態ごとの対価設定ポリシーを記述する
金融活動	実施	サポート	●金融取引の全容とボリュームを把握して図表にまとめる ●取引形態ごとの対価設定ポリシーを記述する

形としては，グループ全体レベルでの機能，リスク分析を記述するので，海外法人それぞれの機能，リスク分析が必要なわけではありません。ただし，主たる海外法人では所在国の税制上の要請に基づき移転価格文書を作成していますので，すでに機能，リスク分析をしていることが多く，1次情報として法人ご

とに機能，リスク分析情報を収集したほうが，作業が統一化されるので便利ではないかと思います。必ずしもすべての法人の機能，リスクを個別に分析する必要はありませんが，まずは法人単位で情報を収集し，分析してみることをお勧めします。

　これらの情報を機能リスク分類表にプロットし，各社を機能，リスクの所在の観点から類型化してみます。すると，「同じ類型に属する海外法人でも利益水準にばらつきがあるな」とか，「あれ，この会社ってそんなに市場リスクを取っていたかな？」など気づくことがあるのではないでしょうか。あぶり出された問題は関係者で共有して解決する必要があるため，CTにてまとめておきます。

　バリューチェーン（付加価値）分析は，利益の源泉のありかを特定し分析するものですから，事業部ではわかっている事実を移転価格的な表現に置き直すという作業であり，まさに事業部と経理・税務部の共同作業にふさわしいものです。

　無形資産分析は，法務部と研究開発部門が実施主体となるでしょう。役務提供は事業部と人事部そして経理部あたり，金融活動は財務部が実態をよく把握されていることでしょう。このあたりの項目は，あらかじめPTメンバーにGMFの最終形のイメージを見せておき，PTによる実施段階から必要な情報を厳選して取りにいくほうが効率的といえるでしょう。

2-3　作業フロー

　ここまで，チーム編成とGMFの項目から各作業の内容を解説してきましたが，各作業を時系列で並べてステップ化したものが図表3-4です。キックオフから資料・情報収集と進み，インタビューによる肉付けと補完を経てドラフト作成，最終報告へとつなげていきます。"書くはやすし"で一筋縄にはいかず，行きつ戻りつ，遅々として進まないこともあるでしょうが，チームリー

図表3-4 作業フローの概要

ステップ1：キックオフ〜コアチーム（CT）とプロジェクトチーム（PT）メンバーの顔合わせ
- ✓ GMF作成の意義と必要性の説明
- ✓ 必要資料・情報リストの提供と収集依頼／タイム・スケジュールの提示

ステップ2：資料・情報収集
- ✓ 収集資料の分類と1次取りまとめ（PT）／移転価格文書および試作CbCレポートなどの子会社決算数値の初期分析（CT）
- ✓ GMFへの落とし込み記述（CT）

ステップ3：インタビューの実施〜CTによるPT各メンバーへのインタビュー
- ✓ 事業部門：提出資料での不足情報の補完，特に事業戦略（成功要因，市場の特性）に対するより深い理解，対象会社の機能・リスクの確認／資料作成が難しい取引，事業部へのフォロー，特にバリューチェーンの記述など不慣れな部分への対応
- ✓ 法務，研究開発部門：無形資産のスコープ，所有者，開発活動，今後の開発戦略等
- ✓ 海外事業，人事部門：役務取引の請求方針，社内規則等の実施状況の確認

ステップ4：GMF第1次ドラフトの作成
- ✓ GMF第1次ドラフトのPTメンバーへの提示（CT）
- ✓ 記載不足，矛盾点の指摘と改良の方向性の提示（CT）
- ✓ 追加作業の実施（PT）

ステップ5：GMF最終版の完成
- ✓ GMF最終版のマネジメントへの提示（CT）
- ✓ 対価設定の見直し，事業部ごとの移転価格ポリシーの作成など今後の対策についての提示（CT）

ダーにはめげずに進めていただきたいと思います。

2-4 作業スケジュール

プロジェクト期間としては4か月程度，長くても半年を想定しています（図表3-5）。これ以上長くなるとプロジェクトがだらけてしまい，担当者の記憶

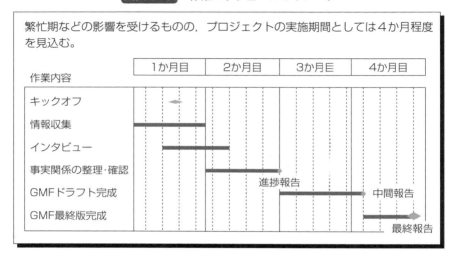

図表3-5　作業スケジュールのイメージ

が薄れてしまいます。

　完璧でなくてもいいと割り切り，まずは試作GMFを皆の気持ちが熱いうちにまとめ上げてしまいましょう。

3　情報の取得と整理

3-1　必要情報の収集

　収集すべき情報はどこにあるのでしょうか。図表3-6に必要な資料と情報をまとめてみました。

　その中にはすでに資料としてまとまっているものもあれば，分散しているので取りまとめる必要のある情報もあります。本社にあるものもあれば，海外に

図表3-6　必要な資料と情報のリスト

既存の資料を活用する	今ある情報を取りまとめる
■アニュアルレポート，有価証券報告書 ■会社案内，製品カタログ ■税務申告書（別表17(4)） ■東証報告などの組織再編の開示情報 ■業界誌，投資分析レポート ■各関連会社の直近3年分の決算書 ■各関連会社で作成した直近年度の移転価格文書 ■試作CbCレポート ■主要特許一覧表（特許名称，登録番号） ■技術使用契約一覧表および各契約書 ■委託研究開発契約一覧表および各契約書 ■グループ管理費用規則等のガイドライン ■関連会社間で締結した役務契約 ■関連会社間資金貸借の概要および契約書 ■締結しているAPAの合意文書	■関連会社リスト ■法人の各関連者の所有関係および所在地を含む図表 ■主要製品の特徴。成功要因および競合他社名 ■セグメント別地域別売上高 ■各事業の商流図および取引高 ■各関連会社の機能・リスク分析表 ■取引形態別バリューチェーンフロー表 ■開発拠点別研究開発内容 ■関連者間取引の種類と取引ボリュームのマトリックス表（直近3年分）

あるものもあります。日本語のものもあれば，英語，中国語など外国語のものもあります。簡潔明瞭なものもあれば，複雑怪奇，支離滅裂なものもあるでしょう。

　これらの情報をただ単にプロットするだけでは簡潔，明瞭なGMFはでき上がりません。資料を読み込み，整理し，レベル感を統一することの大変さを，この資料一覧を見ると想像することができます。図表3-6の右側に列挙した"情報の取りまとめ"項目は，どれだけ削ぎ落としてスッキリと見せられるかが，腕の見せ所のようです。

　情報が多すぎても混乱するだけですし，多数のページに跨ったりすると一覧性が阻害され，重要な情報が伝わらなくなります。ここはセンスが問われそうですね。

3-2　関連会社情報の整理

　情報整理のためには，関連会社別の情報をプロットした"関連会社情報一覧表"の作成が効果的です（図表3-7）。GMFに関連会社名を記載するかどうかは各企業グループで判断の分かれるところですが，少なくともGMFの対象会社として各企業グループがどの会社を念頭に置いているかははっきりとさせる必要があるでしょう。国別報告書でも税務管轄地別の売上高や税前利益，資本金，剰余金，従業員数，また法人別の主たる経営活動（機能の所在）を表にする必要があるわけですから，法人別に情報を整理することが無駄になることはありません。

　関連会社情報一覧表には，投資者名・出資額・比率などの投資者情報，関連会社の損益状況などの財務情報，関連取引金額などの関連取引情報，主な事業内容と機能分析，移転価格文書を作成している場合の算定方法と比較対象レンジの幅，企業類型，無形資産の有無などの情報を記載します。

　表は作成するだけでなく，これをみて何が重要で何が不要かを判断する目が必要であることはいうまでもありません。ポイントの絞り込みについてはある程度専門家の支援を仰いだほうがよいでしょう。ただし，表の作成は社内の人員で行うべきですね。

第3章　マスターファイル作成の要点　95

図表3-7　CbC レポート試作から GMF に記載する関連会社の選定と情報整理

> GMF に記載する重要な関連会社の選定のためにも CbC レポートの試作が必要
> CbC レポートテンプレート項目を基準とし，これに加え，法人税申告書別表17(4)，各関連会社の財務諸表，移転価格文書，業務案内，アニュアルレポート，定款，から必要な情報を転記する
> 以下の「関連会社業務一覧表」は，自社の移転価格リスクを概括的に評価するための一例であり，会社の状況によって適宜項目を入れ替える
> GMF に名称を記載する関連会社の選定および移転価格リスクの所在分布と概要を把握するのに有効

関連会社決算状況表（関連会社の財務諸表より転記）

番号	法人名	所在国	略称	関連投資者名，所在地及び出資比率			収益			営業費用			うちR&D費用	営業利益	営業外損益	税引前損益	適用税率	所得税（現金ベース）	未払法人税（当期）	資本金	利益剰余金	簿価純資産	従業員数	現金及び現金同等物以外の有形資産	簿価総資産
				投資者名	所在地	出資比率	非関連者	関連者	合計	売上原価	販管費														
1				XXX 株式会社 YYY 投資公司 （関連投資者計）																					
2				XXX 株式会社 YYY 投資公司 （関連投資者計）																					

取引形態別・相手先別関連取引状況表（法人税申告書別表17(4)／関連会社税務申告書附表等より転記）

番号	法人名	所在国	略称	関連取引―棚卸資産				関連取引―役務提供				関連取引―有形固定資産使用料				関連取引―無形固定資産使用料・譲渡損益				関連取引―資金貸借利息			
				仕入		売上		支払		受取		支払		受取		支払		受取		支払		受取	
				相手先	金額	相手先	金額	相手先	金額	相手先	金額	相手先	金額	相手先	金額	相手先	金額	相手先	金額	相手先	金額	相手先	金額
1																							
2																							

関連会社機能リスク，移転価格文書情報（関連会社の移転価格文書より転記）

番号	法人名	所在国	略称	主たる事業（主要製品・サービス，定款等記載内容）	主な事業内容									移転価格文書情報（作成している法人のみ）						
					研究開発	無形資産の保有または管理	製造	購買または調達	販売およびマーケティング	管理，指揮およびサポートサービス	非関連者への役務サービス	規制された内部財務サービス	保険サービス	株式およびその他の資本保有	休眠会社	その他	法的所有権名称/内容			算定方法	比較対象レンジ第1四分位	比較対象レンジ中央値	比較対象レンジ第3四分位	企業類型
																	技術性無形資産（特許等）	販売性無形資産（商標等）					
1																							制限製造業者
2																							

4 精緻化に向けて

試作 GMF からはいろいろなものが見えてくると思います（図表3-8）。

アニュアルレポート，有価証券報告書，ウェブサイトなどの開示情報をもとに GMF をまとめようとすれば，必要以上に海外法人の機能を強調しているために移転価格リスクが高くなってしまうなど，会社のイメージを優先させるか，移転価格リスクの低減を取るか，という選択の問題に発展するかもしれません。海外法人を横一列に比べたときに見えてくる機能，リスクおよび利益水準のばらつきは，海外法人のあり方に一石を投じるかもしれません。

図表3-8　試作 GMF の副産物＝精緻化に向けた議論の方向性

グローバルマスターファイルを試作する過程で下記の課題が浮かび上がるものと想定される。

1．アニュアルレポート，有価証券報告書，ウェブサイト等の公開情報と GMF との矛盾点の発見
  ✓ 研究開発情報，製品情報等で優位性を強調するあまり，移転価格リスクが高まっている
  ✓ 記載の内容が海外の税務当局の誤解を招く可能性がある…　etc.
2．棚卸資産取引の不整合点の発見と改善に向けた議論
  ✓ 現行の棚卸資産取引における子会社ごとの利益水準のばらつきの再認識
  ✓ 移転価格ポリシー策定に向けた事業部内での共通認識の醸成
  ✓ 機能・リスク分析を通じた関連会社の役割の再定義（委託製造会社と位置付けて営業範囲を制限するなど）
3．無形資産取引の整理と研究開発費用の回収方法の検討
  ✓ 経済的所有者であるとみなされるリスクのある取引の指摘と改善策の検討
  ✓ 不完全な回収計画あるいは回収方法のばらつき（ロイヤルティ料率の不整合）の整理と改善案の検討
4．役務取引の整理と IGS 回収方法の検討
  ✓ 現行の役務対価の徴収状況と事業部間のばらつきの整理
  ✓ 寄附金課税回避のための IGS 徴収方法の統一的実施の検討

機能・リスクがどっこいどっこいである状況で，利益水準が一方の法人で高く，一方で低いなどのばらつきがあると，特に低い利益率の法人が所在する税務当局が高いほうに合わせて利益を上げるべき，と主張してくることもありえます。移転価格リスクを下げるために利益水準を揃えようとするなら，今度は利益水準が下がる法人の事業部の評価，人事の評価をどうするのか，という問題が生じますので，事業部が納得する人事制度設計が必要になるでしょう。

　研究開発費用を各国からできるだけ回収しようとすれば，ロイヤルティ徴収料率の不整合として現れます。それは説明可能なものなのか，無計画，管理不在となっていないか，注意が必要でしょう。役務対価も同様に，事業部によってアブセンスフィーの取り方にばらつきがあったり，国によって違ったりということがありがちです。統一感のある役務費用徴収制度の構築が必要でしょう。

　われわれは，あぶり出されたこれらの問題に対する解決の道を探る過程でGMFは精緻化され，試作品が完成品に近づいていくものと考えています。

第4章

マスターファイルの個別論点

1 移転価格算定方法の選択 —TNMM か RPSM か

1-1 TNMM は万能なのか？

　移転価格算定方法（TPM）は，マスターファイルの重要な構成要素である"移転価格ポリシー"の中心となる概念です。最も多用される方法は，取引単位営業利益法（TNMM）といえますが，これが万能というわけではなく，"他の方法が使えないから"，"本社資料を開示したくないから"という消極的な理由で選択されるケースもあるようです。

　TNMM の弊害としては，事業全体では赤字なのに，機能・リスクが限定的である子会社にのみ利益を付けざるをえない"インカム・クリエーション"が代表的です。この場合，子会社にも無形資産があるのなら TNMM 以外の他の方法の選択も検討すべきでしょう。"資料の準備が楽だから"，"海外（本社）の情報を開示したくないから"という理由で，海外子会社で TNMM が多く選択される傾向にあることは確かですが，ここは"残余利益分割法（RPSM）"の採用を検討すべきです。

　TNMM は，取引の一方の関連者（多くは海外子会社）が限定的なリスクを負って比較的単純な機能を果たし，納得できる（当局との間で共通の土俵となりうる）ベンチマークがあるのであれば，当該関連者を検証対象企業として，その営業利益率が一定水準に収まっていれば関連者取引は公正であるという，考え方の面においても，適用の面においても容易な方法論といえます。

　これに対して，RPSM は，取引の両関連者（3 社以上の場合もあります）が重要な無形資産を持つなど利益の獲得に一定の貢献を果たしているため，外部のベンチマーク比較だけでは分析できない場合や，両者の機能やリスクが極めて高度に統合されているため，一方だけを取り出して検証することが合理的

でない場合に用いられます。

　したがって，明らかに関連者の一方が，単純な機能を果たしているのみであれば，RPSM が採用される理由はありません。一方で，関連者の位置付けがそれほど簡単に決定，割り切ることができない場合には，RPSM は代替案として検討されるべきでしょう。少なくとも子会社の所在する海外の税務当局は，多くの利益配分を受ける理由として RPSM を主張してくる可能性がありますので，採用しないにしてもその理由を明確にしておくべきです。

　TNMM と RPSM のいずれを採用すべきかの判断は非常に難しいといえます。たとえば，販売会社が，ベンチマーク対象の販売会社よりも多くの機能を果たしていたり，リスクを負っていたりしても，重要な無形資産を持っているとまではいえない場合には，比較対象に調整を加えるなどの工夫により TNMM の適用を継続することが可能です。一方で，現場がたとえば製造と販売の間で極めて一体的に事業運営されていて，製造会社の研究開発と販売会社のユニークなマーケティングが利益の源泉と考えられる場合には，RPSM が妥当といえます。

　「一定の利益を保証」するように見える TNMM は，現場に携わる事業部の方からすると"本社が苦しい時でも痛みを分かち合わない"違和感のある方法でしょう。一方で RPSM は，取引の切出し損益を含む多くの情報が必要になるため，検証作業に時間がかかります。また，結果として合理的な利益配分が検証できるとしても，それを取引価格にどのように反映させるかという価格ポリシーへの落とし込みという手間もばかになりません。

　以下では，TNMM か RPSM かの選択で検討すべき要素について考えてみましょう。

1-2　TNMM と RPSM の選択における検討要素

　まずは海外子会社の TPM として TNMM を採用することを出発点とします。

ここでRPSMを必要とするほどの重要な無形資産を当該子会社が有しているかどうかは，かなりの程度，定性分析で評価が可能です。研究開発やマーケティングを少しでも行っていれば無形資産を所有しているというものではなく，事業全体の収益性に大きく影響するような重要な活動であるか，という"重要性評価"が無形資産形成判断のポイントです。販売会社を例にとると，図表4－1のような定性的特徴が認められる会社は，移転価格の文脈ではそれぞれ，"販売プリンシパル"，"ルーティン販社"，"リスク限定販社"，"コミッショネア"と分類されます。

図表4－1中の，黒丸は海外販売会社の機能・リスクの重要性が"大"，白丸は"小"，その中間は半分，または4分の3，4分の1などであることを示しています。寡占的な市場では，主要取引先との長期的な関係維持が収益に大きく貢献するものと認められます。一方の取引当事者である本社・製造法人が専有技術である無形資産を所有し，海外子会社が取引先との関係を維持している場合は，海外子会社に販売無形資産があるといえるでしょう。しかしながら，競合が多く競争が厳しい業界においては，どの企業も取引先との関係の維持に努力するでしょうから，活動が認められたとしても，超過収益を生み出すことに当該販売活動が大きく貢献しているとはいいがたく，重要性は低くなります。むしろルーティン的な機能と捉えられるため，TNMMの適用がより適切であ

図表4-1 販売会社の定性的特徴と分類例

	販売プリンシパル	ルーティン販社	リスク限定販社	コミッショネア
マーケティング戦略の策定	●グローバル戦略の策定	◐地域戦略の策定	○	○
マーケティング戦略の実施	●	●	●	●
顧客との交渉および契約の締結	●	●	◐プリンシパルの指示に従う	◐プリンシパルの指示に従う
技術的専門性	●	○	○	○
市場リスク	●	◐	◐	◐
棚卸資産リスク	●	●	●	○
重要な無形資産	●	◐	○	○

ると考えられます。

上例のほかにも，
(1) 研究開発費やマーケティング費用の集約度などが非常に高い
(2) 毎年の収益のブレが非常に大きく，取引の一方だけが安定的な利益を獲得することが合理的でない
(3) 関連取引価格を RPSM 的思考に基づき設定している（すなわち RPSM のほうが移転価格調整額が少ない）

などの状況において TNMM か RPSM かの選択を検討すべきでしょう。

各種関連取引における移転価格算定方法の選択は，"これまでずっとこの方法を採用してきたから"，"これが一番簡単だから"，ということではなく，"本当にこの方法が適切なのだろうか" という懐疑心をある程度持って，定期的に見直されることをお勧めします。

2 無形資産の個別論点

グローバルマスターファイル（GMF）の作成項目の中でも，とりわけ無形資産に係るセクションは注目度が高いといえます。本書の第2章で解説したマスターファイルのテンプレートでは，無形資産に関して下記の情報を開示することとしています。

(1) 無形資産の開発，所有，管理および使用の方針（主要な研究開発拠点と管理の所在地）
(2) 重要な無形資産名称および法的所有者のリスト
(3) 無形資産の開発状況（国名，社名，開発内容）
(4) 無形資産に関する契約リスト（ライセンス，委託研究開発，研究役務提供，費用分担等の各契約）と対価の設定基準

(5) 無形資産のグループ内移転

これらの情報を開示するためにはまず，移転価格の理論でいうところの無形資産の定義をはっきりとさせる必要があります。とりわけ，無形資産の経済的所有権という概念が一般には馴染みが薄いため，まずは十分に理解する必要があるでしょう。マスターファイルの開示要求としては，無形資産の"法的"所有者リストが含まれていますが，経済的所有権を認め，その所有者に正当な利益を還元しているか，その認識と体制を企業集団は持っているか，も問われているわけです。

2-1 経済的所有権のある無形資産

あるグループの移転価格ポリシーにおける無形資産の定義をみてみましょう。

無形資産の定義

グループの無形資産は，特許権や商標権等の法的に保護された権利に加え，関連者間取引のバリューチェーンを通して生み出された有形資産やその他基本的（ルーティン）機能に帰属する利益を超える超過的利益の源泉となりうる資産と定義する。

経済的所有権を有する無形資産

法的取決めによって取得，形成された無形資産だけでなく，グループ関連者間の価値形成の貢献度合い，すなわち，無形資産価値形成に果たした機能と負担したリスクに応じて，関連者の一方のみならず他方にも移転価格上重要な経済的無形資産が形成，所有されることがあることに留意する。

極めて概念的な記述ではありますが，移転価格問題を考えるうえでは，無形資産の法的所有者のみならず経済的所有者の存在を認めたうえで，どのような場合に経済的所有権があるといえるのか，その境界線を見極める必要がありま

す。

　無形資産は企業活動から形成されることが大半だと思いますので，ここでは図表4-2のように，無形資産の形成に関係する活動をリストアップし，どのような条件下で経済的所有権のある無形資産が認められるかを考えてみましょ

図表4-2　無形資産形成活動の分類と経済的所有権

無形資産形成に係る活動		機能	リスク	移転価格上の無形資産の帰属	該当する無形資産の例	摘要
開発役務	委託者	▲	●	✓	特許，営業秘密，ノウハウ，生産方式，デザイン，他	単なる資金の負担では機能を果たしたとはみなされない。プロジェクトの承認，成果の評価等を実施し，プロジェクトをコントロールする必要がある
	受託者	●	無	無		
研究開発	ノン・ルーティン活動	●	●	✓	特許，営業秘密，ノウハウ，生産方式，デザイン，他	
	ルーティン活動	▲	▲	無		通常の製造企業であれば実施するような活動（工程の改善等）や超過利益の源泉となる重要な活動とは認められない活動
マーケティング	ノン・ルーティン活動	●	●	✓	商標，商号，顧客リスト，販売網，営業秘密，他	通常の販売会社と比べ多額の広告宣伝費用を負担している場合や，重要な成功要因となった現地にローカライズされた独自の販売活動
	ルーティン活動	▲	▲	無		通常の販売会社が行う程度のマーケティング活動では，無形資産を形成する重要な活動とはみなさない

う。

　経済的所有権のある無形資産は，委託研究開発役務のほか，通常の研究開発業務，マーケティング業務活動においても生じえます[注]。

(注) コストシェアリングでも生じますが，当事者間で経済的所有権が所在することを共通認識していること，利益分配に関するルールが通常，契約において取り決められることから，ここでは検討から除外しています。

　委託研究開発では，委託者のあり方（プロジェクトを全般的にコントロールしていること）が焦点になりそうです。資金の出し手ですので当然リスクは負うのですが，BEPS以後は，"誰がコントロールしているのか"という「コントロール」の概念が重要視されます。「コントロール」という機能を委託者が十分に果たしていないのであれば，無形資産の経済的所有権は受託者に帰属し，委託者は単なる資金供給に見合うリターンしか得ることはできないのです。

　BEPS行動計画8の最終報告書によると，単に費用を負担しただけで無形資産の開発，改良，維持，保護等に係る重要な機能を果たしていない場合，無形資産を経済的に所有しておらず，拠出した費用に対する金融的なリターンまでが妥当な報酬であるとされます。したがって，無形資産の所有，帰属については，費用負担だけでなく，実際の開発，管理活動の中で，どの法人がどのような貢献を果たしているかを，コントロールの観点から，機能リスク分析により明らかにし，評価する必要があります。

　また，通常の研究開発活動やマーケティング活動において，経済的無形資産が認められる条件としては，通常とは異なる「ノン・ルーティン活動」であること，および超過収益の源泉と認められるだけの「重要性のある活動」であること，といえましょう。

2-2　無形資産の評価

　無形資産そのものの譲渡取引のみならず，ロイヤルティ方式による対価の回

収においても，無形資産の経済的価値がいくらかを評価することが必要になるでしょう。以下では，無形資産の経済的価値の評価の論点を，そのプロセスを追いながら紹介します。

(1) 無形資産の特定

　無形資産の評価における第1ステップは，対象となる無形資産の特定です。
　移転価格分析における無形資産は，法的に登記されていないものや会計上認識されていないものも含めた，企業の超過収益力の源泉となるものであり，専門性や特殊スキルを有する"集団労働力"でさえも一定の条件を満たせば価値のある無形資産となりえます。
　また，無形資産を形成する活動に付随した一般的な役務活動，プログラムなど有形資産と一体となった無形資産の提供などでは，無形資産とその他の資産・活動との境界の線引きが難しい場合があります。

(2) 無形資産の法的所有者の特定

　無形資産の法的所有者の特定は，当然ながら無形資産の所在の特定における最初のプロセスです。ただし，単に法的に無形資産を所有しているだけでは，無形資産が生み出す超過収益への対価を収受する資格を有しているかは判断できません。法的所有者が無形資産の開発，改良，維持，保護といった活動を全般的にコントロールしていたかどうかの実証的検証手続も必要です。

(3) 無形資産の経済的所有者の特定

　無形資産の開発，改良，維持，保護といった活動を実施するもの，または，他者の活動を「コントロール」するものが，無形資産の経済的所有者となりえます。機能リスク分析により，関連者間のこれらの活動への貢献度を把握し，

経済的所有者を明らかにするのが王道なわけですが，実務的には，法的所有者，資金の出し手が上記活動を十分にコントロールしていないと疑われる場合において，受託側関連者の活動を詳細に検証するというプロセスを辿ることになるでしょう。

活動の範囲と程度は契約書の条項や成果物，活動報告などからある程度読み取れると思われますが，必要に応じて受託側の業務日誌や委託側とのメール等業務連絡にまで遡って，活動内容を確認する必要があるかもしれません。特に，受託者が中国などに所在する場合，現地当局は無形資産が自国に所在すると認めさせたいわけですから，会社が当局の立場と異なる結論を下すにあたっては，十分な反証を揃えておかなければなりません。

(4) 無形資産の価値評価

無形資産の経済的価値評価における資産評価方法には，一般にマーケット・アプローチ，インカム・アプローチ，コスト・アプローチの3手法があります。マーケット・アプローチは「資産の交換条件」に基づく評価方法であり，インカム・アプローチは「将来の経済的便益の現在価値」に基づく手法です。コスト・アプローチは資産の取得に要した費用が，その資産が将来もたらす経済的便益の現在価値に等しいという仮定に基づいています。

わが国の移転価格税制に照らし合わせると，独立価格比準法がマーケット・アプローチ，利益分割法および取引単位営業利益法がインカム・アプローチ，原価基準法がコスト・アプローチの応用例であるといえるでしょう。

以下，順に解説します。

① マーケット・アプローチ

マーケット・アプローチは，評価対象の無形資産に類似する資産が売買される事例を探し出し，そこでの価格を参照して無形資産を評価する方法であり，最も直接的で，理解しやすい評価手法である反面，現実的には参考になる取引事例を探し出すのが極めて難しい方法といえます。無形資産の評価でマーケッ

ト・アプローチを用いるとすれば，企業が第三者に売却（または購入）した同様の無形資産をグループ内で売却（購入）する場合や，第三者に供与するライセンスと同じ料率でグループ内子会社に技術供与するなど，内部の比較対象がある場合に用いられるケースに実務的には限定されるのではないかと思われます。

② インカム・アプローチ

無形資産の価値が経済的便益を生み出す潜在力にあるとすれば，これを最も適確に測定するのは，当該資産が将来にわたって生み出すと考えられる経済的便益の現在価値と考えられるでしょう。

ディスカウント・キャッシュフロー（DCF）法に代表されるインカム・アプローチによる無形資産の評価手法では，無形資産から将来得られる経済的便益（利益やキャッシュフロー）を予測し，将来得られる経済的便益の不確実性，すなわちリスクを勘案した割引率を用いて現在価値に置き直します。

この方法は合理的ではあるといえますが，難点は，ある程度は割り切りが必要な仮定の上に立脚せざるをえないこと，将来予測が不確実であり主観が入り込む余地があること，といえるでしょう。無形資産の評価にDCF法を適用する場合は，その無形資産だけでいくらの将来利益を生み出すかと予測するのではなく，通常はその無形資産を有する法人（あるいは事業ユニット）全体の将来利益を予測し，そこから通常の利益を除外した超過利益を算定し，この超過利益を，利益獲得に貢献した要素（あるいは法人）別に分配するというプロセスを辿ります。この要素の1つが評価対象となる無形資産というわけです。技術やマーケティングや偶然の市場要因など超過利益を生み出す要素はいくつかあるのが通常なわけで，その中で評価したい無形資産への配分割合がいくつになるかは，分割ファクターを数値化するなど，ある程度客観性を持たせることはできるものの，最終的には仮定を置かざるをえません。

法人全体の将来利益やキャッシュフローの予測では，マーケット全体の伸びと当該法人の市場占有率，プロダクトミックスの収入サイド，部材原価や人件費などの予測の支出サイド，割引率の設定，など多くの項目が当事者による予

測に頼らざるをえません。インカム・アプローチにおける評価者の主観や不確実性を補正する意味から，多くの場合では，コスト・アプローチを併用することで，インカム・アプローチによる評価結果の妥当性を副次的に検証しています。

③ コスト・アプローチ

コスト・アプローチは，無形資産の取得のために支出した費用または現時点で取得する場合に必要とする費用に基づいて評価する方法です。実際に支出した費用に基づく方法を歴史的原価法（historical cost）と呼び，再取得に要する費用に基づく方法を取替原価法（replacement cost 再調達原価法）と呼びます。

歴史的原価法は，ある無形資産の取得・保有に係るプロジェクトの開始から終了までに支出した過去の費用の合計が当該知的資産の価値であるとする評価方法であり，費用の積算については，単純合計ではなく現在価値に置き換えるための調整が行われる場合もあります。この方法の問題点は，無形資産を生み出すための原価を正しく集計したとしても，無形資産の生み出す超過収益力を考慮に入れていないのではないか，という過少計上の問題と，将来の利益獲得が見込めない開発の失敗も，発生したコストで無形資産計上されてしまうかもしれない，という過大計上の問題と，両方向に認められます。前者は，少なくとも原価だけは回収したいと開発者が合理的に考えるのであれば，開発者側の考える無形資産のミニマム価値であることは確かでしょう。また，研究開発を行った親会社が海外製造子会社に無形資産を使用許諾し，ロイヤルティを受け取る場合の料率を決定する際にも，ミニマム価値を用いて最低限発生コストを回収できるようにロイヤルティ料率が決められることになるでしょう。

コスト・アプローチは，価値のおおよその大きさを示すことができるため，価値評価の出発点として，あるいは他のアプローチで算出された価値の検証の手段としては有効ですし，何よりも会計記録などの証憑に基礎を置きますので不確実性の入る余地が少ないため，無形資産（使用権を含む）取引の当事者間あるいは企業と税務当局との間でも検証が容易な方法といえるでしょう。

最後に，コスト・アプローチにインカム・アプローチを加味したハイブリッド方式によるロイヤルティ料率設定ポリシーの一例をご紹介しましょう。

技術対価の設定原則

- 技術の対価たるロイヤルティ料率は，事業単位ごとの研究開発活動の集約率（連結売上高研究開発費率）を基準とする。
- ただし，ライセンス対象となった無形資産が市場における価値実現を果たすことができないと認められる場合やその他の要件を満たす場合（設立初期法人や欠損法人への特段の配慮など）には，例外的に料率を引き下げることを認める。
- 企業グループ内の移転価格検証対象企業が複数年度にわたり，目標利益率レンジを超える場合に，有形資産取引価格の見直しと併せ，客観的な算定プロセスに基づいたロイヤルティ料率の見直しを検討する。

2-3 無形資産の対価回収手段

　企業価値を高めるためには無形資産の形成が必須であり，特に研究開発費用の原資をグループ内で確保する重要性が増しています。

　無形資産の形成者が開発資金を回収する手段としては，無形資産の有償譲渡，ロイヤルティ方式による回収に加え，主要原材料，設備の売却などの棚卸資産取引や，技術指導などの役務取引を通じた回収があります。たとえば，類似する無形資産を異なる2国の子会社市場のために本社が開発したとして，回収手段が異なれば，結果として同額の対価が回収されたとしても，ロイヤルティ率やイニシャルペイメント，材料の調達価格に差が生じることはありうるわけです。回収手段までも全世界統一を目指すというのは現実的ではないでしょう。国が異なれば税関，外貨管理，税務当局の対応など実務慣習も異なるでしょう

図表4-3 開発費（無形資産の対価）の回収手段

回収方法	概要とポイント	
親会社経由方式	親会社経由方式は，無形資産回収の方法として最も簡便的。製造子会社の製造に親会社のノウハウを使っているので，現地製造売上にロイヤルティを設定することも可能（ただし，ベンチマーク分析を行い，適正な利益を現地に確保することに注意）。	親会社(R&D)から販売子会社へ製品，製造子会社へ完成品，製造子会社から親会社へロイヤルティ，製造子会社から現地直販
ロイヤルティ方式	一般的な無形資産回収方式。売上に占める半製品の割合が大きい場合は，半製品に無形資産の対価を乗せることができるため，柔軟に対応可能。半製品の割合が小さい場合は，ロイヤルティが無形資産の対価回収の重要なスキームとなる。	親会社(R&D)から製造子会社へライセンス付与・半製品，製造子会社から親会社へロイヤルティ，製造子会社から販売子会社へ製品
委託研究＋ロイヤルティ方式	委託研究開発機能が現地製造子会社に存在する場合，独自の無形資産が形成されている可能性がある。たとえば，現地専用モデルの開発等独自の開発を子会社が実施していないか注意。現地モデルが存在するような場合，一律のロイヤルティ料率の設定に無理が生じる可能性がある。	親会社(リスク負担)から委託研究会社(R&D実施)へ開発コスト支払，委託研究会社から親会社へ成果物，親会社から製造子会社へライセンス付与・半製品，製造子会社から親会社へロイヤルティ，製造子会社から販売子会社へ製品

から，実態に即した対価回収手段のミックスを選択すべきです。

　重要なのは見た目の整合性ではなく，結果として無形資産の経済的所有者が回収すべき対価を回収できるスキームができているかということです。実際に多くの企業では，図表4-3に挙げる3つのパターン，またはその組み合わせにより開発費（無形資産の対価）を回収しているといえます。

一般的な製造業の場合，ロイヤルティの料率については，以前から何となくそのように決まっていたという理由で，（関連者の第三者向け売上高やそこから本社仕入材料を控除した付加価値額に対して）3％や5％といった定率が適用されている例が珍しくありません。また，かなり古い分析に基づいたロイヤルティ料率を継続して適用しているケースも多く見受けられます。

マスターファイルを作成するにあたり，無形資産（ロイヤルティ料率）設定の「移転価格ポリシー」として「従来から3％を適用している」という記述では，説得力に欠けるでしょう。これまでそれで実務が回っていたということは，無形資産の再生産に必要な資金の還流が達成されていたということでしょうから，おそらくはその料率にまったくの合理性がないわけではなく，ただ明示的，定量的なサポートが存在していないということだけなのでしょう。

このような場合，まずはコスト・アプローチにより定常的な状態でミニマムの研究開発費を集計し，当該無形資産を適用した製品の将来予想売上高に対して何％のロイヤルティが妥当かを試算してみましょう。回収手段の違いによりロイヤルティ料率に差が生じることを，前述の「技術対価の設定原則」に加味すると，たとえば下記のようになります。

技術対価の設定原則

技術の対価たるロイヤルティ料率は，事業単位ごとの研究開発活動の集約率（連結売上高研究開発費率）を基準とする。

- ■ただし，ライセンス対象となった無形資産が市場における価値実現を果たすことができないと認められる場合やその他の要件を満たす場合（設立初期法人や欠損法人への特段の配慮など）には，例外的に料率を引き下げることを認める。
- ■企業グループ内の移転価格検証対象企業が複数年度にわたり，目標利益率レンジを超える場合に，有形資産取引価格の見直しと併せ，客観的な算定プロセスに基づいたロイヤルティ料率の見直しを検討する。
- ■当該技術が原材料，設備等固定資産に密接に関係する場合や，技術移

> 転のための指導員派遣を伴う場合においては，棚卸資産取引や役務取引による技術対価の回収を考慮してロイヤルティ料率が設定されることに注意する。

　最後に，無形資産対価の回収手段を選択するにあたり検討すべき課題例をフレームワークとして図表4-4にまとめてみました。いろいろな角度から包括的に現実的な回収手段を選択し，無形資産開発のための必要な資金を必要な場所に還流させましょう。

第4章 マスターファイルの個別論点 115

図表4-4 無形資産対価回収手段の検討フレームワーク例

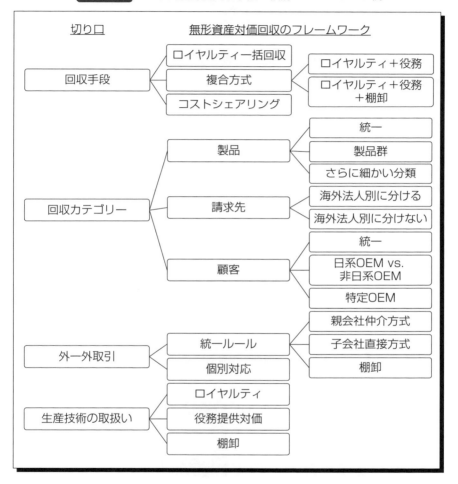

2-4 無形資産と役務の混合取引

ライセンス取引と役務取引は，移転価格の経済分析のうえではまったく別の概念ですが，実際の関連者間取引では，両者が混然一体と運営されていることも多いようです。また，技術援助契約のような関連者間の契約書においても両取引を同一の契約で定義していることもあり，十分に明確な区分なく取り扱っているケースもあります。

無形資産の対価をロイヤルティだけで回収する場合と，ロイヤルティと役務の対価に分けて回収する方式を図表4-5にまとめてみました。

コア開発は一律4％で回収することとし，応用開発の部分は4％の上乗せ料率を選択するか，役務提供取引（加えて棚卸取引）で回収するかの選択があるというケースです。後者の場合，役務提供取引の範囲が応用開発に関係することと，契約や業務記録などで明確に峻別されることが必要です。このような峻別が整理されていないのであれば，支払側の法人が所在する税務当局から見ると，同一の便益に対して，ロイヤルティと役務という形で二重に支払が行われ

図表4-5 ロイヤルティと役務提供対価による無形資産対価回収イメージ

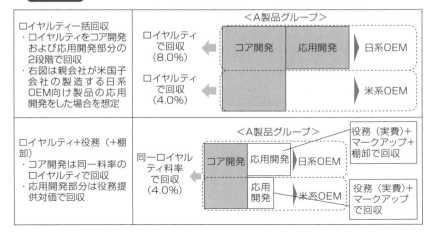

ているという疑義を持たれる可能性が高く，当局の調査を受けてから事後的な説明を行うのでは大きなハンデを負うことになります。ロイヤルティと役務提供の範囲を明確にし，実証的検証が可能な資料を用意するようにしましょう。

2-5 無形資産取引と役務提供取引の峻別

　無形資産を形成する活動と役務提供活動は，外見だけをみても一般には区別がつかないでしょう。簡単にいえば，自らリスクを負った比較的長期にわたる活動で，回収もロイヤルティなどで継続的・永続的に達成することを想定するものが無形資産形成活動であり，比較的短期間の活動で，最終的なリスクを負うことなく単発的，直接的なサービスに対する対価として回収するものが役務提供活動といえます。

　また，無形資産であれば最終的には何かひとまとまりの成果物があるものと推定されます。図表4-6のとおり，活動内容だけでは区別がつきませんので，

図表4-6　役務と無形資産の区分（例示）

役務提供	無形資産
開発支援	特許，知的財産
製造支援	製造無形資産
販売マーケティング支援	販売マーケティング無形資産
本社役務その他	

成果物の存在確認と併せて，リスク負担や活動が継続的か短期的かの判断により無形資産取引と役務取引を区別し，重複して徴収することのないよう，損益計算を明確に区分するようにしてください。

3 本社の提供する役務の合理的な対価回収と移転価格ポリシー

3-1 本社の提供する役務（IGS）の合理的な対価回収

本社では国内外の子会社に対し，販売サポート，技術支援といった受益者が特定される役務を提供することもあれば，複数の（時に全世界の）子会社に一括して便益を提供することもあります。移転価格の世界で"グループ内役務提供"，またはイントラグループサービス（IGS）と呼ばれるこれらの役務活動に対しては，IGSの活動に見合う十分な回収が図られているかに，本社の所在する税務当局が関心を寄せる一方で，IGS対価の負担をする側の子会社が所在

図表4-7 合理的なIGS対価設定の構築プロセス

ステップ	内容
ステップ1：全体像の把握	▷ 明確なIGSから押さえていくのがよい
ステップ2：機能別分類	▷ 本社，開発，製造，販売の各役務に分類
ステップ3：有償性の判定	▷ 判定基準を設け恣意性を排除
ステップ4：配賦指標の選定	▷ 相関性，継続性，客観性で判断
ステップ5：本来役務と付随役務の判定	▷ 付随役務を決めて，その他を本来役務に
ステップ6：算定方法とマークアップ率選択	▷ 客観性・合理性のある方法と率の選択

する税務当局は，本来負担する必要のない対価ではないか，あるいは不合理な計算に基づく対価ではないかと懸念することでしょう。IGS対価の回収ルールの設定と実行は，提供者および受益者の両当事者のみならず，それぞれの所在国における移転価格主管税務当局が納得する，合理性のあるものでなければなりません。

対価設定の構築プロセスをステップ順に解説します（図表4-7）。

(1) ステップ1：全体像の把握

本社の各部門がグループ各子会社に対してどのようなIGSを提供しているかを，図表4-8のように図にしてみます。この例では，提供者は本社だけとなっていますが，地域統括会社や管理業務のアウトソーシングを手がける事業会社など，ほかにもグループ他社に役務を提供している法人があれば，提供単位ごとに図を作成するのがよいでしょう。

IGSはコストの合理的な負担を国外関連者に求めるものですから，コストの発生源（役務提供者）を中心に考え，コスト負担先（役務受益者）との関係を図によって明確にしていきます。

出張を伴う役務提供は，提供者と受益者の関係が明確であり，出張報告などの資料から役務内容がわかり，出張経費精算よりコストも把握できる，わかりやすいIGSといえます。ここには"株主活動"のような"有償性のない"それゆえ対価の回収を必要としない活動も含まれると思われますが，まずは気にせず図にプロットしていきましょう。

出張を伴わない本社各部門が子会社のために行う活動の存在を認識するのは，各部門が経営者に行う活動報告などをもとに大枠を把握し，どの子会社に便益が提供されるのかを報告書の閲覧や担当者へのインタビューなどを通じて特定していきます。

図表4-8 IGS関係図

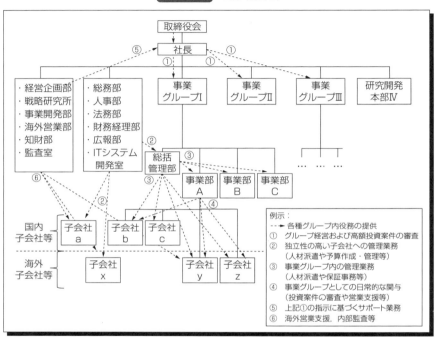

(2) ステップ2：機能別分類

次に，企業グループ内のバリューチェーンやサプライチェーンの流れに沿って，IGSを機能別に本社役務とその他役務に大別し，その他役務はさらに開発役務，製造役務および販売役務に区別し，その機能ごとにさらに役務の詳細（内容，規模感，役務取引の提供者および受益者など）を実態把握して体系化します（図表4-9）。

本社役務とは，本社が行う役務という意味ではなく，本社機能が提供する役務というものです。このうち，ITシステム開発と広告宣伝は使用実績あるいは経済的利益に応じた費用分担が適切であり，全般管理的役務（企画・調整，人事・総務，法務・会計・財務・税務，資金運用，為替リスク管理，社員教育

図表4-9 IGSの機能別分類～本社役務，開発役務，製造役務，販売役務～

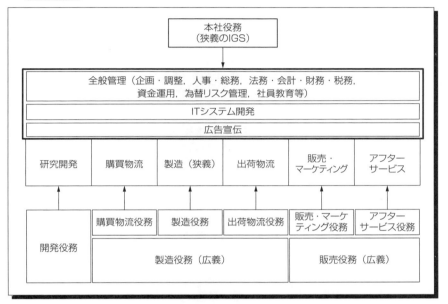

等）とは区分して整理します。

　本社役務は，主に本社が国外関連者の業務支援を目的に行う役務提供を指し，地域統括会社（サービスセンター）等が本社と同種または同様の業務支援等を行う場合を含みます。移転価格事務運営指針2-9，2-10を参考に，本社役務の対象となる活動と例示を図表4-10に示します。

　開発役務，製造役務，販売役務の例示は図表4-11のとおりです。

図表 4-10　本社役務の例示

No.	本社役務	具体的役務の例示
1	企画または調整	組織新設，再編等に関する分析・指導・助言，リスクマネジメント，コンプライアンス体制の構築・指導等
2	予算の作成または管理	年間予算・事業計画の策定・審査・指導，年間予算の執行状況等のチェック
3	会計，税務または法務	財務諸表・会計帳簿のチェック，税務申告書の作成，締結する契約書に関する指導・助言，事故・訴訟・紛争に係る対応援助
4	債権の管理または回収	取引先与信リスクに係る情報収集および分析，債権管理・債権回収管理
5	情報通信システムの運用，保守または管理	コンピュータネットワークの設計・構築，IT投資に関する指導・助言，情報通信システムの維持・点検・管理
6	キャッシュフローまたは支払能力の管理	財務健全性のチェック・指導，債務管理・債務決済管理
7	資金の運用または調整	銀行口座の管理，融資を受ける際の保証事務，投資に関する指導・助言
8	利子率または外国為替レートに係るリスク管理	市場変動リスクに係るマネジメントの指導・助言，外国為替ポジションに関する指導・助言
9	製造，購買，物流またはマーケティングに係る支援	製造技術・仕入・物流問題等に関する支援，市場調査・分析・グローバルマーケティング等の広報および販売促進活動，職場環境・安全対策面の指導
10	従業員の雇用，配置または教育	従業員の雇用，配置または教育，従業員の採用・配置・評価に関する支援，従業員研修
11	従業員の給与，保険等に関する事務	従業員の給与計算，支給，記帳事務代行
12	広告宣伝（9に掲げるマーケティングに係る支援を除く）	ホームページ・カタログ等の制作

（注）　No.9「製造，購買，物流またはマーケティングに係る支援」は，厳密には製造役務，販売役務に分類される。

図表4-11 開発役務，製造役務，販売役務の例示

機能別分類	補足および例示
開発役務	正式の委託・受託開発契約に基づいた開発役務や短期間・単発で発生する委託・受託開発等が開発役務に該当 受託開発を行う国外関連者は，開発に要した費用＋一定マークアップを委託者である本社等から受け取るという取引条件が一般的
	海外の研究開発拠点への研究開発支援，特定のテーマや作業に対する委託・受託開発，コスト・シェアリング契約に基づく研究開発活動等
	開発役務を基礎研究，製品化開発，量産開発，適合開発等，研究開発のレベルや段階に応じて細分することも可能
製造役務	製造ラインや工程管理ノウハウ，稼働率向上ノウハウ，機械設備操作ノウハウ，品質管理ノウハウ，原価管理ノウハウ，従業員教育等，さまざまな製造機能に係る役務など
	原材料の調達や物流に係る役務や，製品の出荷物流に係る役務も考えられる。製造機能の上流から下流に至るまでのすべてのバリュー・チェーンに係る役務を製造役務（広義）として捉えることで，付加価値の程度，機能の多寡等を勘案することが容易になる。限定的な受託製造機能の海外子会社とマザー工場との間では，しばしばこのような製造役務が重要な機能を果たしている。
	機械設備の納入取引と役務提供取引がセットになっているような場合，棚卸取引と役務提供取引がそれぞれ単独で行われる場合もあれば，両者を一体で契約し対価を授受することがある。
販売役務	基本的な機能であるマーケティング・販売役務とアフター・サービス（メインテナンス・サービスを含む）等に区分するとわかりやすい。製品の納入までと製品の納入後に分けて，サプライ・チェーンの流れに沿って検討をすること。

（注）無形資産取引，棚卸資産取引と密接に関係する場合があるので注意。また，各役務活動が一体化している場合にも注意。

(3) ステップ3：有償性の判定

　企業グループ内で提供される役務のなかでも，移転価格の世界においては，"国外関連者"との"有償性のある役務"が対象となります。ただし，本来，国内子会社が負担すべき費用が国外関連者の負担とならないよう，費用の集計と配賦計算において国内子会社も考慮に入れる必要はあるでしょう。

　"有償性のある役務"について，本邦の税務規定上（移転価格事務運営指針

2-9）の定義は，「経営・財務・業務・事務管理上の活動で，経済的又は商業的価値があり，その役務の提供がなければ，非関連者から提供を受け，または自ら行う必要がある役務」とされています。経済的または商業的価値を有する役務，すなわち有償性のある役務の対価は回収されるべきであり，また逆に有償性が認められない役務，たとえば株主活動は対価の授受がされるべきではない，というわけです。グループ内役務提供活動のすべてが対価の授受を必要とするものではありません。

ここでは，前プロセスで把握した各役務提供活動について有償性の有無を判定します。判定が恣意的にならないよう図表4-12のように判定基準を設けましょう。

特に判定3，5，6は，白黒の判断がつきかねる場合が多いために慎重に検討してください。無償役務と判定された結果でも，最終的に，有償役務と無償役務に区分した役務一覧表を作成して見比べてみると，最初の判断が覆ることがあります。他の役務活動と比較することで，有償性と無償性の違いが浮き上がってくることもあるわけです。

経営指導料，技術支援料，データベース運営費用などだけでなく，法務顧問サービス／ITサポートなどのオンコールサービス・スタンバイ費用や，リス

図表4-12　有償性の判定基準

判定基準（下記質問の回答のすべてがYes，あるいはNoがない場合に有償性を有すると判断される）
判定1　経済的・商業的価値がある役務か
判定2　当該役務の提供がなければ，非関連者に依頼するか，自ら行う役務か
判定3　役務提供者は役務受益者が必要とするときに役務提供できる体制を維持しているか
判定4　役務提供者は役務受益者が自らこれを行っている役務と重複していないか
判定5　役務提供者の提供する役務の重複は一時的なものか
判定6　株主活動に属するものではないか
判定7　役務受益者の監視等に属するものではないか

ク対策費などの一時的な重複役務も有償性のある役務であることに注意しましょう。

(4) ステップ4：配賦指標の選定

　受益者が複数いる場合においては，各受益者が負担すべき対価の計算において役務提供者の費用を合理的に配賦計算するプロセスが必要です。本社の人件費や経費が部門ごとに集計され，役務対価を徴収されるべき受益者たる子会社が特定されたのちに，集計された費用を合理的な基準を用いて各受益者に配賦計算します。配賦指標として，図表4-13のファクターの1つあるいは複数の基準を選択します。

図表4-13　IGSの配賦指標

No.	主な配賦指標
1	売上金額または売上原価
2	使用した資産の額
3	使用資産の使用割合
4	従事した使用人の数（従業員の従事割合）
5	直接経費（事業部門固有の販売費の比率等）
6	売上総利益

　受益者たる各子会社が受ける便益とおしなべて相関関係が高い指標を選択する必要があります。最近は，Excelの相関関係分析ツール等もありますので，子会社の受ける便益が収入など定量化できるのであれば，ツールの利用も検討に値します。

　配賦指標の選定においては図表4-14の事項に留意しましょう。

図表4−14 合理的な配賦指標の選定において留意すべき事項

No.	合理的な配賦基準の選定における留意点
1	関連者間取引が含まれていないこと
2	共通費用と配賦指標との間に合理的な相関関係があること
3	客観的な指標であること
4	継続的に使用可能であること
5	関連当事者間で見て公平性があること
6	配賦計算の簡便性を備えていること

(5) ステップ5：本来役務と付随役務の判定

わが国の税法規定を参考に"本来の業務としての役務（以下「本来役務」）"と"本来の業務に付随する役務（以下「付随役務」）"の内容を見てみましょう。

移転価格事務運営指針2−10(1)では"付随役務"を「本来の業務に付随した役務提供とは，たとえば，海外子会社から製品を輸入している法人が当該海外子会社の製造設備に対して行う技術指導等，役務提供を主たる事業としていない法人又は国外関連者が，本来の業務に付随して又はこれに関連して行う役務提供をいう」と定義しています。

一方，"本来役務"はどのようなものが該当するでしょうか。役務提供が主たる事業活動である場合の当該活動は，当然ながら本来の業務としての役務となるでしょう。物の製造・販売ではなく，ITサポート，技術サービス，エンジニアリングサービス等の役務を提供することを業とする企業であれば，その役務自体が本来の業務としての役務となります。

また，当該役務提供に要した費用が原価または費用の額の相当部分を占める場合や，役務提供を行う際に無形資産を使用する場合は，本来の業務に付随した役務提供に該当しない，つまり本来役務とみなされます（移転価格事務運営指針2−10(1)（注））。

図表4−15は本来役務と付随役務の例示を表にしたものです。

"本来役務"と"付随役務"の区分が重要なのは，前者にはマークアップを

図表4-15　本来役務と付随役務の例示

No.	企業グループ内役務の例示	本来役務	付随役務
1	企画または調整	○	
2	予算の作成または管理		○
3	会計, 税務または法務		○
4	債権の管理または回収		○
5	情報通信システムの運用, 保守または管理		○
6	キャッシュフローまたは支払能力の管理		○
7	資金の運用または調達		○
8	利子率または外国為替レートに係るリスク管理	○	
9	製造, 購買, 物流またはマーケティングに係る支援	○	
10	従業員の雇用, 配置または教育		○
11	従業員の給与, 保険等に関する事務		○
12	広告宣伝		○
13	その他一般事務管理		○

乗せて対価を設定することが原則であるのに対し, 後者では, コスト（総原価）をカバー（回収）する対価の設定であれば足りるとするのが, 移転価格における一般的な考え方であるためです。コストカバーを適用する場合の総原価の額は, 役務提供の直接費のほか, 合理的な配賦基準（従事者の従事割合や使用資産の使用割合等）によって計算された間接費を含みます。

付随役務であり（条件1〜4）, 総原価の配賦計算が合理的である（条件5）ことを前提として, コストカバーによる対価の回収が認められます（図表4-16）。

図表4-16　コストカバーによる対価回収の条件

条件1	比較対象取引が見出せない
条件2	本来の業務に付随する役務である
条件3	役務提供の額が原価または費用の額の相当部分（おおむね50%以上）を占めていない
条件4	役務提供を行う際に自己の無形資産を使用していない
条件5	直接費・間接費の計算が合理的な配分割合によっている

(6) ステップ6：算定方法とマークアップ率選択

　役務取引における移転価格算定方法では，独立価格比準法（CUP法）または原価基準法（CP法）を適用することが通常ですが，CUP法は比較対象取引（企業）の同種性と，提供時期等状況の同様性が存することという厳しい適用条件から，実務上使える局面は極めて限られます。一般的には，付随役務なら個別にフルコストを把握してこれにCP法を用いてマークアップ率を上乗せし，本来役務ならその会社の単体損益についてTNMMが用いられる場合がほとんどといえるでしょう。

　悩ましいのは，どのぐらいのマークアップを乗せるのが適当か，ということです。役務単独の利益水準を公開しているデータベースも見当たりませんし，他社事例も知りようがありませんが，OECDの論文等で，妥当なマークアップ率として"2％から5％[注1]""3％から10％，多くは5％[注2]"などの記述がみられます。

　（注1）　OECD BEPS Action10 "Public Discussion Draft「Proposed modifications to chapter VII of the transfer pricing guidelines relating to low value-adding intra-group services」（3 November 2014-14 January 2015）" パラ D.2.3
　（注2）　EU Joint Transfer Pricing Forum の「Guidelines on low value adding intra-group services」（4 February 2010）

　これらのマークアップ率をそのまま無条件で採用することはできないものの，一定の目安として考え，付加価値の異なるごとに役務提供取引の対価に付すべきマークアップ率の例を図表4-17に示します。

図表4-17 マークアップ率の例（付加価値別）

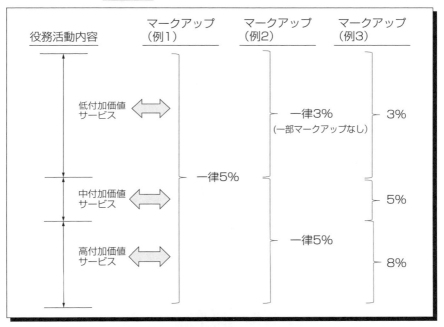

3-2 IGS 関連資料の収集と保管

　役務提供者（本社など）と役務受領者（海外子会社）のいずれかに税務調査が入るなどの状況が生じた場合には，IGS の有償性（経済的または商業的価値）を証明したり，対価の合理性を実証したりする必要が出てきます。必要資料は何か，それらを本社側と海外子会社側のいずれが保管すべきか，について決めておき，万一資料が必要になったときに迅速に提出できるような連絡体制を構築しておきましょう。特に，本社側の証拠書類をどこまで海外子会社の所在する税務当局へ提出するかについて，慎重な対応が求められます。当局の求めに応じてむやみやたらに提出することは避けたいものです。

図表4-18 IGS関連資料の保管で注意すべき事項

検討項目	注意すべき事項
保管部門の特定	本社役務，開発役務，製造役務，販売役務など機能別分類にかかわらず，本社および海外子会社の特定部門（経理部，法務部など）で集中的に資料を管理するのか，機能ごとに分散管理するのか，さらには事業部単位で保管するか，など保管場所を特定し，必要時にはいつでも提供可能なようにリストを作成する。
資料の継続的な保管	担当者が異動しても継続的に管理体制を維持していけるような，事務負担を考慮したある程度簡便な仕組みとなっているかどうかを確認する。 IGSに関する契約書や取決めが更新された時には，最新版が当該保管部門に自動的に知らされ，送られる体制を構築する。
本社側で保管する書類	IGSに関する契約書や取決め，子会社から具体的な役務を受託したことを示す記録・文書，受託内容に係る役務提供の具体的なやりとりを示す記録・文書，親会社で作成した請求額の計算明細・請求書，これらに係る交信記録（文書，メール，FAX）等がある。
子会社側で保管する書類	IGSに関する契約書や取決め，親会社へ具体的な役務を委託したことを示す記録・文書，委託内容に係る役務提供の具体的なやりとりを示す記録・文書，親会社からの請求額の計算明細・請求書，これらに係る交信記録（文書，メール，FAX）等がある。

図表4-18では，IGS関連資料の保管で注意すべき事項をまとめました。

3-3 IGS回収の子会社所在国での実務上の要点

特に新興国に所在する子会社からのIGS回収で検討すべき制度・規定上の対応は，図表4-19のとおりです。

現地拠点にとって見返りがない，あるいは損金算入できない費用では，IGS対価の回収も実務に定着しません。IGS対価回収の実行にあたっての検討事項

図表4-19 IGSの相手国での制度・規定上の対応

検討項目	内容
損金算入要件	実際に役務が提供されたことを明確に証明する資料および説明資料を準備する。 役務を提供する親会社等の協力が不可欠。依頼＆回答のセットで資料を保存する。
有償性の説明資料	相手先に直接的な便益（経済的・商業的価値）が生じていることを示す資料。 便益に見合う相当額の対価となっていることを示す資料（例，IGSに関する契約書等）
送金制限	送金額の上限規制，銀行等への届出，支払口座の制限等の送金手続を順守する。
特殊な規定の有無の確認	特別な政府規制や行政指導をクリアしているか。
源泉所得税等の徴収	租税条約の減免の適用，源泉税負担の有無，源泉税率，源泉税以外の税負担の確認。

は，以下のとおりです。

・IGS対価回収方針の説明資料の準備と子会社への説明
・IGS対価回収制度の実施時期の検討と円滑な運用のためのマニュアルの作成
・運用体制（各部門の役割分担，担当者の任命）の確定

　主要新興国におけるIGS対価の損金算入における検討事項を図表4-20にまとめました。

図表4-20　主要新興国における IGS 損金算入における検討事項

国名	主な検討事項
中国	マネジメントフィー（本社等の管理費）の損金算入は原則として認めない。支払う対価が1件当たり5万米ドルを超える場合には，国税機関に届出が必要。
インド	インド法人に直接的な便益が生じている役務であることを明確に証明すること。
ブラジル	ブラジル法人の事業活動のために通常発生しかつ不可欠な役務であることを証明すること。特にマネジメントフィーは実際に便益が提供された事実を明確かつ詳細に証明すること。
メキシコ	メキシコ法人の事業活動のために不可欠な費用であること，かつ，サービスが実際に提供されたことを証明すること。
インドネシア	インドネシア法人に実際に提供されている役務であること，経済的・商業的価値があること。1万米ドル以上の支払について Bank of Indonesia に報告が必要。
タイ	タイ法人に対して実際に提供されたサービスであること，タイ国内のビジネスに直接に関連するものであること，サービス対価が過大でないこと。5,000米ドル以上の支払についてタイ中央銀行に届出が必要。
ベトナム	ベトナム法人の事業活動に関係があるサービスであること，有効な裏付け書類があること。銀行が裏付け書類を要求する場合がある。

3-4　役務提供取引の移転価格ポリシー

　グループ内で運用する役務提供取引の契約策定ルールの骨子は，たとえば図表4-21のようなものです。

図表4-21　IGSの契約策定ルール

検討項目	主なルール
移転価格算定方法	CUP法を優先適用し，不適用の場合にはCP法を用いる。
役務提供コストの算定	役務提供の対価算定の基礎はフルコストを原則とし，フルコストは直接費と間接費の合計額とする。
役務の種類	本社役務，開発役務，製造役務，販売役務を対象とする。
役務提供契約	関連者間で役務提供契約を締結する。
	契約では役務の提供者および受領者，役務の具体的内容，役務の提供期間，役務の対価の算定方法等を定める。
	間接費の配賦計算は客観的で測定可能な合理的な配賦基準（人員数比，売上高比，工数比等）を採用して計算する。
役務の有償性	経済的または商業的価値がある役務提供については，適正なマークアップを付して対価を設定する。

マスターファイルにおけるIGSの移転価格ポリシーは，上記のエッセンスを簡潔にまとめて記述します。IGSの移転価格ポリシーを文書化する際の構成と記載事項を図表4-22にまとめてみましたので参考にしてください。

図表4-22　IGS移転価格ポリシーの構成例

項目	主な記載事項
目的	税務コンプライアンスの順守等
対象	役務提供の対象部署を記載（役務提供者と役務受領者のリスト）
役務の区分	対価回収の対象となる役務提供の種類を記載（機能別の分類の場合は，本社役務，開発役務，製造役務，販売役務の種類別に記載）
有償性の判定	有償性の判断基準と判定結果を要約
対価の配賦計算	役務提供の直接費の集計，間接費の配賦計算方法を要約
移転価格手法	CP法と同等の方法を採用。ただし，CUP法が適用可能な場合はCUP法を適用
マークアップ率	原則として〇%
運用細則	適用開始時期，更新時期，運営管理者，決裁基準等

4 金融取引の個別論点

4-1 グループ内金融取引に関する移転価格文書の記載項目

マスターファイルとローカルファイルにおける金融活動についての記載項目を，図表4-23にまとめました。

マスターファイルにおいては，金融取引について，多国籍企業グループ内での主要な金融活動について，グループ内での主な金融機能を果たしている企業の特定，金融取引に係る取決めについて移転価格ポリシーの概要等を説明することが求められています。ローカルファイルでは，金銭消費貸借保証および契約履行保証等，純粋な金融取引に加えて保証取引等も対象とされます。加えて，国別報告書（CbCレポート）においては，グループ内資金調達金額を開示して報告することも要請されています。

これまでグループ内金融取引は，グループ内役務提供取引と同様に，移転価格調査では簡便的な記述で済まされてきた面がありましたが，租税回避の手段

図表4-23 マスターファイル，ローカルファイルにおける金融活動の記述

文書	金融活動関連記載項目
マスターファイル	・グループの資金調達活動の概要 ・金融機能を果たす関連者の特定 ・金融取引に係る一般的な移転価格ポリシーの概要 ・金融取引に係るユニラテラルAPAおよび税務ルーリングの概要
ローカルファイル	・現地関連者の組織図（現地の財務機能に関する情報を含む） ・関連者間金融取引の説明 　取引タイプ／取引金額／関連者間契約書／機能リスク分析／移転価格算定方法／比較対象取引 ・財務データ

として金融取引は容易に利用が可能であるとの認識が税務当局にあることから，このたびのBEPSプロジェクトでは特に，支払利子の損金算入に歯止めをかけることが目されています。

BEPS行動計画4「利子等の損金算入を通じた税源浸食の制限」では，支払利子の損金算入を制限する措置が検討されており，各国が最低限導入すべき国内法の基準となるガイドラインが提示されています。また，親子間ローン等の金融取引について移転価格ガイドラインを策定することも目的とされています。以下にグループ内金融取引の論点をみていきましょう。

4-2 グループ間ローン

わが国の移転価格税制では措置法通達66-4(7)-4（金銭の貸付又は借入の取扱い），移転価格事務運営指針2-7（独立価格比準法に準ずる方法と同等の方法による金銭の貸借取引の検討）に記載されています。

グループ間ローンでは，借入企業の独立第三者金融機関からの借入金利をもって独立企業原則に則った金利が設定されているといえます。比較可能性を検討するうえで重要な点としては，①信用格付け，②通貨，③借入金額，④借入期間および時期，⑤その他諸条件（借入企業の所在地（新興国または先進国），附随する諸費用の構成，劣後ローン，担保・保証の有無等）があり，この中でも「①信用格付け」の分析は重要です。信用格付けといっても，借入企業単体の格付けだけでなく，グループシナジーによる格上げも考慮する必要があります。

一般的に，多国籍企業グループに属する子会社は，金融機関が親会社との関係と保証を暗黙に考慮するため，スタンドアローンの企業よりも好条件で借入れできる可能性が高いでしょう。多国籍企業グループに属していることによる"受動的"便益を考慮した，兄弟会社間ローン金利設定の例を図表4-24に紹介しました。

図表 4-24　兄弟会社間のローン

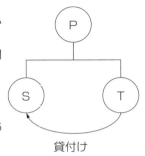

〈事実関係〉
- PグループのⅠ信用格付けはAAA（連結ベース）
- 子会社Sの単体の信用格付けはBaaである
- 金融機関Xが、Pグループの信用格付けを鑑み、Aの格付けに相当する利率での貸出しをSに提示
- グループ子会社Tも、SにA相当の利率で金融機関Xと同額、同条件で貸付け

〈結論〉
TからSへの貸付けに係る利率は独立企業間価格である。
- 同条件のもと、独立第三者と同じ利率
- 通常より低い利率（信用格付けA相当）で借入れできたが、グループのメンバーであることのみによるもので、それを達成するための意図的な行為はない（受動的便益）。

4-3　グループ間保証取引

　グループ間保証取引では、子会社が現地の銀行からの資金借入れを容易にする目的で親会社が保証を行う金銭貸借保証が典型的なものといえるでしょう。親会社が保証することにより、子会社は単独で資金借入れするよりも、低金利で有利な借入れを行うことが可能となるため、子会社が享受する"能動的"便益を考慮して保証料を設定し、その対価を親会社に支払います。親会社が子会社の債務不履行時に保証を実行する義務があるため、そのリスクの見返りを保証料で受け取ります。

図表4-25 親子会社間の保証取引

〈事実関係〉
- Pグループの信用格付けはAAA（連結ベース）
- 子会社Sの単体の信用格付けはBaaである
- 金融機関Xが，Pグループの信用格付けを鑑み，Aの格付けに相当する利率での貸出しをPの保証なしでSに提示
- Pが保証することにより，AAA相当の利息で借入れを実現

〈結論〉
- SはPの保証により金利の優遇を受けたので（能動的便益），保証料を支払うべきである（保証料は，信用格付けAAAとAの差異相当であり，AAAとBaaの差異でないことに注意）。
- BaaからAの差異は，Pグループに属していることにより受けられた受動的便益であるため，対価の支払は必要ない。

第5章

中国の移転価格文書関連規定と当局によるマスターファイルの具体的利用

2015年に草案が公開され公布が待たれていた，中国におけるBEPSに対応した移転価格文書の作成に関する通達である《関連申告と同期資料の管理に関する関係通達》（国家税務総局公告2016年第42号）が2016年7月に公布されました。草案からは2009年に公布されている《特別納税調整実施弁法（試行）》（国税発（2009）2号）を全面改正するものと予想されていましたが，この改正42号通達は2号通達の第2章「関連申告」および第3章「同期資料管理」の部分を書き換えるものとなっています。したがって，移転価格文書の作成や調査対応など移転価格に関する実務全般を知るには，42号通達と2号通達を併せて読む必要があります。2号通達の全面改正はもうしばらく時間がかかりそうです。本章では，これからの中国における移転価格関連申告，文書作成の指針となる42号通達と2号通達のポイントを解説していきます。

1　移転価格文書関連規定（42号通達）の概要

1-1　関連者との取引に関する税務申告

　関連者の定義には大きな改正はなく，直接・間接で出資比率25％以上の持分関係で関連者となります。
　関連取引の範囲も「有形資産」，「金融資産」，「無形資産」，「資金融通」，「役務提供」の5類取引と大きな変更はありません。
　中国に設立された企業はいずれも年末の企業所得税税務申告に際して，《年度関連取引報告表》を提出する必要がありますが，BEPS最終報告書13に規定された《国別報告表》は，この《年度関連取引報告表》の後段に加えられ，該当する企業のみが記入提出することとなりました。要提出企業は，「多国籍企業グループの最終親会社であり，前年度の連結財務諸表の各種収入合計が55億

第5章 中国の移転価格文書関連規定と当局によるマスターファイルの具体的利用 141

元を超える場合」ですので,基本的に中国系の大企業ということになり,在中国の日系企業に作成義務は課せられないと考えてよいでしょう。

興味深い条項として,

> 第6条 最終親会社が中国居住者企業の多国籍企業グループであり,その情報が国家の安全に及ぶものである場合,国家の関連規定に基づき国別報告書の一部あるいはすべての項目の記載を免除する。

というものがあり,米国の税務当局が国別報告書の提出を要求しても国家の安全を理由に提出を拒んだりするのかなぁ,と考えたくなります。

国別報告書を除くと,《年度関連取引報告表》の内容は従来のものと大きな差はありませんが,国外関連者それぞれについて下記の「国外関連者情報表」を作成しなければいけませんので,情報の収集は早めにしておきましょう。現地法人の担当者だけでは記載が難しいことがありますので,本社あるいは現地法人に派遣されている方のサポートが必要です。

図表5-1 国外関連者情報表

番号:01

納税者名称			登録地		国家(地区)			
納税者識別番号			経営場所		国家(地区)			
経営範囲								
適用する所得税的性質の税目名		実質税負担率		登録資本金	通貨	金額	投資総額	通貨	金額
享受する所得税的性質の税収優遇								
所属企業			所在国の納税年度開始年月日			所在国の納税年度終了年月日		
独立法人であるか	是□ 否□	法定代表人/法人責任者		独立計算か否か	是□ 否□	個別財務諸表があるか	是□ 否□
上場会社であるか	是□ 否□	証券番号		上場市場名		基調本位通貨		

また,損益計算書を国外関連,国外非関連,国内関連,国内非関連の4分割する縦割りP/Lの作成には頭を悩ましそうです。営業利益率が横並びとなり比べやすくなりますので,特に国外関連取引の営業利益率が見劣りしないように費用の按分計算には工夫が必要です。

図表5-2 年度関連取引財務状況分析表

行	項目	年 月 日 至 年 月 日				
		国外関連取引	国外非関連取引	国内関連取引	国内非関連取引	合計
		1	2	3	4	5=1+2+3+4
1	一．営業収入					
2	うち：主要業務収入					
3	控除：営業原価					
4	うち：主要営業原価					
5	営業税金及び付加税					
6	うち：主要営業税金および付加税					
7	販売費用					
8	管理費用					
9	財務費用					
10	資産減損損失					
11	加算：公正価値変動収益（損失の場合"-"を付記）					
12	投資収益（損失の場合"-"を付記）					
13	うち：共同経営・合作経営企業等投資収益					
14	二．営業利益（損失の場合"-"を付記）=1-3-5-7-8-9-10+11+12					
15	加算：営業外収入					
16	減算：営業外支出					
17	うち：非流動資産処分損失					
18	三．利潤総額（損失の場合"-"を付記）=14+15-16					
19	減算：所得税費用					
20	四．純利潤（損失の場合"-"を付記）=18-19					
按分基準説明						

1-2 マスターファイル

マスターファイルは，提出義務のある中国居住者企業が，その中国語版を年度ごとに用意しておき，税務局の求めがあってから30日以内に提出が必要となります。

> 第11条　下記の一に該当する企業はマスターファイルを準備すること。
> (一)　年度内に国外関連取引が発生しており，かつ当該企業の財務諸表を連結する最終親会社の所属する企業グループがマスターファイルを作成している場合
> (二)　年度関連取引が10億元を超える場合

(一)は，日本の最終親会社がマスターファイルを作成している場合（日本基準では連結総収入1,000億円以上）の，企業グループ（日本の税法では「特定多

国籍企業グループ」）に属している中国現地法人であって，国外関連取引が1元でもあれば，税務当局の求めがあればマスターファイルの提出義務がある，ということになります。一見不合理なようにも見えますが，日本における外国企業の子会社も同じ取扱いですので，致し方ないでしょう。ローカルファイルの作成義務基準は関連取引2億元ですので，ローカルファイルを作成していないのにマスターファイルだけ提出を要請される，ということも法解釈上はあるわけです。しかしながら，マスターファイルはこれをもって調査の資料にするというものではありませんので，実務的にはローカルファイルを作成している法人，つまり年間関連取引が2億元以上ある中国現地法人であり，日本でマスターファイルを作成している企業グループに属している場合にマスターファイルの提出が求められる，と考えておけばよいでしょう。

㈡は，中国現地法人の属する企業グループにマスターファイルの作成義務がない場合において，関連取引が10億元を超えるのであれば，日本本社が作るか中国子会社が作るかにかかわらず，中国当局用にマスターファイルを作らなければならない，ということを示しています。草案公開段階では，ローカルファイルと同じ2億元基準での作成が求められていましたが，最終的に10億元（160億円）と基準が上がったことは納税者にとっては朗報といえるでしょう。それでも，日本本社でマスターファイルを作成する必要がない規模の準大手企業において中国に主工場があったり，販売子会社を通じて中国市場に大量に販売しているなどの法人にあってはマスターファイルの準備が必要になることもありますので，基準を超過しているか否かは確認しておいてください。

マスターファイルの内容は以下のとおりとなります。

㈠ 組織構成

　図表形式によるグループの全世界レベルでの組織構成，持分関係および構成メンバーの地理的分布の説明。構成メンバーとは企業グループ内の経営単位であり，法人企業，パートナー企業，恒久的施設等を含む。

㈡ 企業グループの事業

1．企業グループの事業の記述。利益を生み出す重要な価値創造の要因を含む。
2．企業グループの営業収入の上位5位および営業収入の5％を超える製品あるいはサービスのサプライチェーンと主たるマーケットの地理的分布状況。サプライチェーンの状況は図表形式により説明することもできる。
3．企業グループ内での研究開発業務以外の重要な関連役務とその簡単な説明。説明には，役務提供側の提供サービス能力の説明，役務原価の按分計算と関連役務対価の決定における価格設定方針を含む。
4．企業グループ内の各構成メンバーの価値創造方面における主たる貢献。実施する重要な機能，負担する重要なリスク，および使用する重要な資産を含む。
5．企業グループの会計年度内に発生した組織再編，業務再編，グループ内での機能，リスク，資産の移転。
6．企業グループの会計年度内に発生した企業の法的形式の改変，債務整理，持分買収，資産買収，合併，分割等の再編業務。

(三) 無形資産
1．企業グループの開発し運用する無形資産および無形資産の所有権帰属における全体戦略。ここには主たる研究開発機構の所在地と研究開発管理活動の発生地ならびに主たる機能，リスク，資産および人員の状況を含む。
2．企業グループにおける移転価格アレンジメントに顕著な影響をもたらす無形資産あるいはその組み合わせおよびその所有権者。
3．企業グループにおける各構成メンバーとその関連者との無形資産に関する重要な契約のリスト。重要な契約には，コストシェアリング契約，主要な研究開発サービス契約および使用許可契約等が含まれる。
4．企業グループにおける研究開発活動および無形資産に関連する移転価格政策。

5．企業グループの会計年度内における重要な無形資産の所有権および使用権の関連取引状況。譲渡関連企業名，国名および譲渡対価等を含む。
㈣　融資活動
　1．企業グループ内における各関連者の間の資金融通および非関連貸付者との主たる資金融通。
　2．企業グループ内における資金プーリング機能の構成メンバーの状況。当該企業の登録地および実際管理機構の所在地を含む。
　3．企業グループ内における各関連者の間の資金融通の全体的な移転価格設定方針。
㈤　財務および税務の状況
　1．企業グループの直近1会計年度の連結財務諸表。
　2．企業グループ内の各構成メンバーの締結したユニラテラル事前確認協議，ならびに国家間の所得配分に関連する他の税務裁定リストとその概要説明。
　3．国別報告書の報告企業名およびその所在地。

　ここでは，日本の税法で求められているマスターファイル記載内容との異同，特に中国の規定にあって日本にはないものがあれば，日本基準で作成したマスターファイルでは不十分となりますが，上記内容はBEPS最終報告書別添1のフォーマットを踏襲したものとなっており，日本基準で作成したものを中国語化すれば記載内容に漏れはなさそうです。

　第19条　マスターファイルは企業グループの最終親会社の会計年度終了の日から12か月以内に完成させること。ローカルファイルおよび特定事項ファイルは関連取引の発生年度の翌年6月30日までに完成させること。同期資料は税務機関の求めがあってから30日以内に提出すること。

　提出時期は決算日から12か月以内と日本基準と同じになっていますので，

2017年3月期決算のマスターファイルを2018年3月末までに用意しておけばよいことになります。

> 第21条　同期資料は中国語を使用し，かつ引用した情報・資料の出所来源を明記する。

ただし，使用言語は中国語とされますので，英語で作成したマスターファイルをそのまま提出することはできません。翻訳の巧拙で受ける印象が変わることもありますので，中国語での表記，表現につき中国語が堪能な移転価格専門家によるレビューをお勧めします。

1-3　ローカルファイル

> 第13条　年度関連取引が下記の一に該当する企業はローカルファイルを準備すること。
>
> (一)　有形資産所有権譲渡金額（来料加工業務は年間の輸出入金額をもって計算する）が2億元を超える。
> (二)　金融資産譲渡金額が1億元を超える。
> (三)　無形資産所有権譲渡金額が1億元を超える。
> (四)　その他関連取引が4,000万元を超える。

ローカルファイルの作成基準はこれまでどおり，年間（有形資産）取引2億元基準が継承されました。技術使用料，商標権使用料などは項目(四)に該当するものとして，これまでどおりのその他取引4,000万元基準で作成義務の有無を判断します。項目(二)，(三)は新たに加わりましたが，継続的に発生する取引ではないこともあり，このためにとある年度のみローカルファイルの作成が必要と

なることもありそうです。

 2億元（4,000万元）基準の判断では，国外取引も国内取引も合わせて関連取引であれば集計し，基準を超えるか超えないかを判定します。ここで，企業が国内関連者との間にのみ関連取引を有する場合では，基準を超えていたとしても文書作成義務が免除されます。大部分が国内関連取引であっても，少しでも国外関連者への支払（商標権使用料や役務費用の支払など）があれば，国内関連者とのみ取引があるとはいえませんので，文書を準備する必要があります。

 以前は，単一機能加工の欠損法人に対する文書提出義務がありましたが，ここには挙げられていません。根拠通達は2009年363号通達で，この通達は今のところ失効となっていないのですが，当通達が2号通達の第3章第15条の追加規定であり，2号通達の第3章が廃止となり，42号通達に置き換わったことを考えると，363号通達もいずれ失効となり，単一機能赤字企業の文書提出義務はなくなるものと予想されます。

 ローカルファイルの作成期限ですが，翌年6月30日までに完成させること，となりました。税務機関の求めがあってから30日以内に提出すること，中国語を使用することは，マスターファイルと同じです。

 次にローカルファイルの内容をみてみましょう。

第14条　ローカルファイルは主として企業の関連取引の詳細情報を開示するものであり，主に以下の内容を含む。
　（一）企業の概況
　　1．組織構成：各職能部門の設置，職責の範囲および従業員数。
　　2．管理機構：当地管理層のレポーティングラインおよびその主たる所在地。
　　3．業界の記述：所属する業界の発展状況，産業政策，制約等の影響および業界の主要な経済的および法務的な問題，主要競合先。
　　4．経営戦略：各部門，業務プロセスにおける実施業務フロー，運営方式，価値創造の要因等。

5．財務データ：類型別の業務・製品の収入，原価，費用および利潤。

　　6．企業の関与するあるいは重要な景況を及ぼす再編あるいは無形資産の譲渡の状況，およびその影響分析。

(二)　関連関係

　　1．関連者情報：企業の持分を直接あるいは間接的に有する関連者および企業と取引のある関連者の名称，法定代表者，高級管理人員の構成，登録場所，実質経営場所，および関連個人の氏名，国籍，居住地等。

　　2．上記関連者に適用される所得税的性質を有する税の種別，税率および享受する税務優遇政策。

　　3．本年度内における企業の関連関係の変動状況。

(三)　関連取引

　　1．関連取引の概況

　　　(1)　関連取引の記述および明細：関連取引契約およびその履行状況の説明。取引対象物の特性，関連取引類型，参与者，時期，金額，決済通貨，取引条件，貿易形式，および関連取引と非関連取引との異同等。

　　　(2)　関連取引フロー：関連取引の情報，物流，資金の各フローおよび非関連取引との異同。

　　　(3)　機能リスクの記述：企業および関連者が各種関連取引で担う機能とリスク，使用する資産

　　　(4)　<u>取引価格決定要素：関連取引に関係する無形資産とその影響，ロケーションセービング，マーケットプレミアム等の地域特殊要因。地域特殊要因には，労働力原価，環境原価，市場規模，市場競争の程度，消費者購買力，商品あるいは労務の代替可能性，政府規制等の分析を要する。</u>

　　　(5)　関連取引データ：各関連者，各関連取引別の取引金額。関連取引および非関連取引の収入，原価，費用および利益を切り出し，直接配賦ができない場合には，合理的な比率で配賦し，その配賦比率の

根拠を説明する。
2．バリューチェーン分析
 (1)　グループにおける業務，物流，資金の各フロー：商品，労務，あるいはその他取引対象における，設計，開発，生産製造，営業，販売，引渡し，決済，費消，アフターサービス，リサイクル等各段階およびその関与者
 (2)　上記各段階の参与者の直近年度の財務諸表
 (3)　企業が創造する価値貢献における地域特殊要因の定量化とその帰属
 (4)　グループ利益のグローバル・バリューチェーンにおける配分原則およびその結果
3．対外投資
 (1)　対外投資基本情報：対外投資項目の投資地域，金額，主要業務および戦略
 (2)　対外投資項目概況：対外投資項目の投資スキーム，組織，高級管理職員の雇用方式，項目決定権限の帰属
 (3)　対外投資項目データ：対外投資項目の運営データ
4．関連持分譲渡
 (1)　持分譲渡の概況：譲渡の背景，参与者，時期，対価の決定方法，支払方式および持分譲渡に影響するその他の要素
 (2)　持分譲渡対象の関連情報：対象会社の所在地，譲渡者の持分取得の時期，方式および取得原価，持分譲渡収益等の情報
 (3)　デューディリジェンス報告書あるいは資産評価報告書等の持分譲渡関連のその他情報
5．関連役務
 (1)　関連役務の概況：役務提供者および受益者，提供役務の内容，特性，提供方式，対価決定方式，支払方式および役務提供後の各者の受益状況等

(2)　役務原価の集計方法，項目，金額，配分基準，計算過程および結果

　(3)　企業および属する企業グループと非関連者との間に同等のあるいは類似する役務取引がある場合の，関連役務と非関連役務の対価決定原則と結果に関する異同の詳細な説明

　6．企業の関連取引に直接関係する，中国以外の他国の国家税務主管当局と締結した事前確認協議およびその他税務裁定

(四)　比較可能性分析

　1．比較可能性分析で考慮すべき要素：取引される資産および役務の特性，取引各方の機能，リスク，資産，契約条項，経済環境，経営戦略等

　2．比較する企業の果たす機能，負担するリスクおよび使用する資産の関連情報

　3．比較対象の選定方法：情報の取得源，選定条件および理由

　4．入手した内部あるいは外部比較取引可能な独立企業間取引情報と比較する企業の財務情報

　5．比較データの差異調整および理由

(五)　移転価格算定方法の選択および使用

　1．検証対象企業の選定と理由

　2．移転価格算定方法の選択および理由：<u>いかなる方法を選択したとしても，企業のグループ全体利潤または残余利益に対する貢献度合いを記述すること。</u>

　3．比較可能な非関連取引価格あるいは利益の確定の過程における仮定と判断

　4．合理的な移転価格算定方法の運用と比較分析結果に基づき比較可能な非関連取引価格あるいは利潤を確定する

　5．その他移転価格算定方法選定にあたり参考とした資料

　6．関連取引価格設定が独立企業取引原則に合致しているか否かの分析

> と結論

下線を付している部分が注目点です。

取引価格決定要素として，無形資産と地域特殊要因（ロケーションセービング，マーケットプレミアム）に言及することが求められています。

また，年度関連取引報告表でも求められている関連・非関連，国外・国内の４分割切り出し損益計算書の作成です。

バリューチェーン分析では，取引各参与者の直近年度の財務諸表が求められていますが，そうはいってもどこまで開示するか，今後の実務対応に熟慮が必要です。

また，地域特殊要因の定量化やグループ利益の配分原則の記述など，この項目は開示する範囲と深掘りの程度をここまでと限定して取り掛からないと，際限がなくなりそうです。

1-4　特定事項ファイル

草案では，国外関連役務取引のある企業に特定事項ファイルの作成義務が課されるのではと心配されていましたが，この部分は削除され，コストシェアリングを実施する企業と過少資本企業の２類型の企業のみ作成義務が課されることになりました。

過少資本であるかどうかの判断は，一般企業であれば関連企業からの有利子負債が資本金の２倍を超えるか否かで判断します。当該標準を超えている場合には，その超過する有利子負債に相当する金利が損金不算入となると同時に，下記の過少資本特定事項ファイルを作成する必要があります。

㈠　企業の返済能力，起債能力に対する分析
㈡　企業グループの起債能力と融資構成状況分析

(三) 企業の登録資本金等権益投資の変動状況説明
(四) 関連債権投資の性質，目的および取得時の市場状況
(五) 関連債権投資の通貨，金額，利率，期限および融資条件
(六) 非関連者が上記の融資条件，融資金額および利率を望んで受け入れるか否か
(七) 企業の債権性投資を受けるために提供する担保の状況，条件
(八) 保証人の状況および保証条件
(九) 同期同類の借入金の利率状況および融資条件
(十) 転換社債の転換条件
(十一) その他独立取引原則を証明しうる資料

1-5 移転価格関連文書をまとめるにあたっての要点

マスターファイル，ローカルファイル，特定事項ファイルの同期資料は，税務機関の要求する完成日から10年間保存する，となっています。紙媒体だけでなく，PDFなどの電子媒体形式でも保管場所がわかるようにしておきましょう。

> 第25条　企業が関連規定に基づき関連申告を行い，同期資料および関連資料を提出している中で税務機関が特別納税調査を実施し税額を徴収するにあたっては，税法実施条例第122条の規定に従い，税額の帰属納税年度の中国人民銀行の交付する追納機関と同期間の人民元貸出基準利率をもって滞納利息を計算する。

同期資料を準備しない，遅滞なく提出されない，などの事項がない企業が調査を受け，移転価格の税額更正を受けたり，修正申告を行うにおいては，上記の利率で延滞金を計算することとされ，罰則的に加算される5％の追加延滞金

利は課されません。

　延滞金利もさることながら、調査対象とならないためにも同期資料の作成に関する検討は早めに行うのがよいでしょう。かといって、当局の求める文書を完璧に作ろうとするなら開示情報は膨大なものになりますし、逆に調査対象に挙げられるネタを提供することにもなりかねません。規定を外さず"ほどほどに"作る勘どころが求められるところです。

2　移転価格算定方法

　2号通達の第4章では移転価格算定方法が定められていますが、特段目新しい方法が規定されているわけではなく、国際ルールに従った一般的な算定方法であるといえます（図表5-3）。

　有形資産取引では、日系企業の中国子会社は取引相手の国外関連者（本社など）に比べて機能・リスクが限定的ですので、中国子会社が検証対象企業となることが多く、移転価格算定方法として大半の場合に取引単位営業利益法（TNMM）が選択されてきました。中国当局もこれまでは同法を多用してきましたが、TNMMは検証対象企業が重要な無形資産を持たず、比較的単純な機能、軽微なリスクを負うのみであるケースで適当とされる方法であり、中国の法人が無形資産を有していることを認めさせたい傾向にある当局の思惑に反する方法です。今後は、中国法人による無形資産の所有を前提とした算定方法である"利益分割法"の選択を当局が推奨し、示唆する傾向が強まることに注意しましょう。TNMMを採用するのであれば相応に高い利益率を要求してくることも想定しておかなければなりません。

　利益分割法の実務的な難点は、取引相手方の情報を必要とすることでした。それがないと、合算利益も求められませんし、利益を分割するファクターの選択と定量化も不可能です。中国子会社では本社情報の入手に制約があることか

図表5-3 2号通達の概要〜第4章　移転価格算定方法

方法	検証取引	「独立企業間取引」の検証	特徴
独立価格比準法（CUP）	すべて	＝比較可能な非関連取引価格	取引法
再販売価格基準法（RP）	有形資産（販社仕入）	＝非関連者への再販売価格×（1－比較可能な非関連取引の売上総利益率）	取引法：実質的な付加価値のある加工をしない単なる売買取引に適用
原価基準法（CP）	有形資産（製造売上）役務 融資	＝合理的な原価×（1＋比較可能な非関連取引のコストマークアップ率）	取引法
取引単位営業利益法（TNMM）	有形資産 無形資産 役務	＝比較可能取引との利益指標比較	利益法：資産収益率，営業利益率，総コストマークアップ率，ベリー比率等の利益水準指標を例示
利益分割法（PS）	法人単位	＝残余利益×当該企業の合理的な貢献率＋当該企業に帰属するルーティン利益	利益法：関連取引が統合され，かつ各参加者が無形資産を有する 寄与度貢献法と残余利益分割法

ら，原則として当地の情報のみで分析が可能な TNMM が選択される傾向にあったわけです。本弁法に基づくマスターファイルの提供は，当局に「これによりグループ各社の役割と無形資産の全体分布が明らかになって，利益分割法を用いた中国子会社の得べかりし利益額の計算が可能になるのではないか」との期待を抱かせることになりそうです。

　ただし現実は，マスターファイルの記載情報だけでは利益分割法による中国子会社利益の算定はできません。マスターファイルの内容が期待外れであった場合の税務当局による追加資料の要求は正当なものである限り拒むことはできませんが，だからといって当局の過大な期待に合わせてマスターファイルを作り込むことは本末転倒でしょう。利益分割法ではない算定方法を選択した場合

に，それがベストメソドであり，その十分な根拠と論理を有することが，当局による利益分割法の乱用を防ぐ対策となります。

一方，会社が積極的に利益分割法を選択する状況もあるでしょう。合算利益が過少（たとえば営業利益が3％程度）であり，中国子会社のみが他社比較で営業利益率5％を達成しなければならないとなれば，本社が赤字でも当然という結果に陥る場合があります。中国子会社が委託加工業務を手掛けていればそれも当然とはいえますが，本社から主要部材の供給を受け，中国子会社でアッセンブリ，中国市場での販売を子会社で手がける場合では，本社で製造無形資産，中国子会社で販売無形資産を有している可能性があります。この場合は合算利益を分け合う利益分割法がより相応しい方法ともいえ，会社が積極的に同法を選択するために必要な情報を開示すべきです。ただし，この場合もマスターファイルでの情報開示ではなく，中国ローカルファイルでの開示が望ましいといえるでしょう。

「TNMMから利益分割法へ」，この流れは当分変わらないでしょう。

3 移転価格調査および更正

2号通達では，移転価格調査の対象となる企業として，以下の8類型が規定されています（31条）。

① 関連企業との取引金額が大きいあるいは取引類型が多い企業
② 長期にわたり損失あるいは少額の利益を計上している，または利益変動が激しい企業
③ 同業と比べて利益水準が低い企業
④ グループ内他社との比較で利益水準が低い企業
⑤ 利益水準とその負担する機能・リスクとが明らかに対応しない企業
⑥ 低税率国の関連者との間に関連取引がある企業

⑦　規定に基づく関連申告あるいは同期資料の準備を行っていない企業
⑧　その他独立企業間取引原則に反する企業

　調査資料が外国語である場合は，中国語訳の提出が求められることがあります。また，税務当局が国外資料の真実性と正確性を確保するため，国外の公証人，会計事務所あるいは国家税務総局のウェブサイトで公告する税理士事務所の確認証明を求めることもあります。

　国別報告書の提出は条約方式，すなわち税務当局間での情報交換制度に基づき行われますので，中国子会社から中国税務当局への提出は不要です。

　移転価格調査の対象となる取引から実際の税負担額が同様である関連会社間の国内取引が除外されていますが（31条），グループ内の赤字法人への意図的な利益の付け替えなどの租税回避行為が認められる場合における一般税務調査の可能性を否定するものではありませんので，注意が必要です。グループの製造（黒字）会社と販売（赤字）会社との間で取引価格に歪みがあれば，調査を受けることもあるでしょう。

　税務当局が行う比較対象企業・取引では，公開資料・非公開資料のいずれを用いてもよいとされます。

　当局が四分位法を採用し被調査企業に特別納税調整の調整を行うにあたっては，被調査企業の利益水準が中位値を下回る場合において，中位値を下回らないように調整をするとなっている点（42条）は問題であるといわざるをえません。移転価格の理論では，四分位法の第1四分位から第3四分位のレンジにある利益水準を妥当としていますので，これでは第1四分位から中位値に会社の利益水準があったとしても，移転価格を調整すべしとされてしまいます。もっとも，本規定は移転価格調査があった場合の更正が中位値，またはそれ以上（第3四分位まで）を目安にするといっているだけであって，第1四分位を上回る利益水準の会社であれば通常，移転価格調査の対象にならない，つまり第1四分位の利益水準を確保できていれば実務上問題は生じない，という考え方もあります。マスターファイルでは無形資産や役務取引の支払における移転価格ポリシーの記載が求められますが，ここでは「売上高のxx％で技術使用料

の対価とする」「フルコストに合理的なマークアップを加味して対価を設定する」などに留まり，その料率やマークアップの根拠にまで記述が及ぶことはありません。ただし，技術使用料や役務対価支払後の営業利益率の設定においてはその目標を，第1四分位を達成するギリギリの水準に置くのではなく，売上が下振れした場合でも営業利益水準で第1四分位を下回らないように技術使用料や役務対価の負担を軽くして，営業利益目標値が比較対象企業利益率レンジの中位値になるようにするなどの配慮は必要になるでしょう。その意味で，中国の当該規定はマスターファイルの移転価格ポリシーの記述に間接的な影響を及ぼしているといえるかもしれません。

　企業が国外関連者との間で来料加工，進料加工等の単純加工，単なるディストリビューションあるいは請負研究開発などに従事する場合，戦略の失敗，受注不足，製品滞留，研究開発の失敗などがもたらすリスクや損失は負うべきではなく，合理的な利益水準を維持すべきであるとする"単一機能企業の利益保持規定"（40条）は，グループ合算利益が低調である事業にあって中国にだけ利益が創出されてしまう"インカム・クリエーション"をもたらす可能性を秘めています。この場合の合理的な利益水準が1～2％など相応に低い水準であれば問題はそれほどないといえますが，比較対象企業が製造業として得るべき通常のルーティン利益と同等の利益水準（たとえば5％）が求められるようであるなら，インカム・クリエーションの問題が深刻化します。

　企業が機能を履行せず，リスクを負わず，実質的な経営活動を行わない国外関連者に支払う費用，たとえば無形資産の対価（使用料）や役務対価として支払われる，実体のない費用などは，関連通達により損金不算入となります。低税率国に設立された，無形資産の法的所有権を多く有するグループ法人への使用料送金，業務委託費などの名目による実体のない本社への送金（実質的な利益還元）などは，マスターファイルの「無形資産の開発，所有，管理および使用の方針」「重要な無形資産および法的所有者リスト」「無形資産に関する契約」「グループ内役務活動の概要」の記載から対象法人と取引に目星がつけられ，ローカルファイルで開示される無形資産，役務取引の相手先，計上額と併

せて損金算入の可否が判断されることになるでしょう。マスターファイルとローカルファイルの整合性確認が必要な項目です。

4 無形資産

　無形資産には大きく，技術に関連する無形資産（特許権，非特許技術，商業機密等）と，販売に関連する無形資産（商標，ブランド，顧客リスト，販売ルート，市場調査結果，経営許諾権，政府許認可等）があります。中国では無形資産が中国に所在し，中国法人に帰属することを積極的に認めさせるべく，税法理論の構築に力を入れています。

　無形資産の所有権者は，法律上の所有権者だけでなく，「無形資産の価値の創出に実質的に貢献した経済活動参与者であり，無形資産の開発，価値創出，維持，保護，応用および販売の活動において機能を履行し，資源を投入し，リスクを引き受けた組織または個人」である経済的な所有権者を含むものと当局は考えています。無形資産の法律上の登録者が日本本社であっても，委託研究業務などで開発に携わった中国法人は，その配分の恩恵に与かるべきであるという論理です。

　具体的には，開発活動を中国子会社に丸投げし役務提供の対価を支払い，法的な所有権を買い取り，技術的無形資産のリターンたるロイヤルティを本社がグループ法人等から受け取るスキームにおいて，中国子会社がロイヤルティの全部あるいは相応の割合の配分を受けるべきであるという論理です。したがって，中国に研究開発法人を有する企業グループでは，マスターファイルにおいて当該中国法人が関与した研究開発無形資産の帰属を日本本社とするのであれば，その開発過程において本社が主導し，相当の役割を担っていることを，根拠をもって用意しておくことが必要となります。

　販売活動によるマーケティング無形資産の形成も，中国当局が今後主張して

くる可能性が高い項目です。リストで管理されている重要顧客への販促活動，閉鎖的な市場へアクセスするノウハウなどは要注意といえます。

　無形資産に関してはマスターファイル上，法的所有者のリスト開示が要求されていますが，経済的所有者の開示については明示的に要求されていません。無形資産の開発状況などの項目で開発に携わる子会社名が開示され，それが経済的所有者と推定されることはあるでしょう。このように無形資産の経済的所有者については間接的に示唆するに留め，明示的にリストアップする必要はないでしょう。

　ハイテク優遇税制（企業所得税15％の軽減税率）の適用を受けている中国法人では，実状はどうであれ，特許等技術性無形資産を自社で所有し，研究開発部門を有して相応の活動をしていると表明しているわけですから，中国に帰属する無形資産のリターンを本社が受け取っていないかどうかという観点からマスターファイルを見られることになるでしょう。ハイテク申請上，中国子会社に帰属するとした無形資産がマスターファイル上で本社に法的所有権が帰属するなどの矛盾をはらんでいないかに注意し，当該無形資産に関連するリターンを本社で受け取っていないことを確認しておきましょう。リターンがあるなら中国子会社への付け替えも検討すべきです。

5　移転価格調査の実務と当局の視点

　中国の移転価格税務調査は，一般に，各社の税務局窓口担当者へ電話が来たり，ショートメッセージを受け取ったりという連絡手段による，非公式な質問や資料要求から始まります。ここはまだ情報収集であり，調査が始まったという段階には至っていません。要求される資料は，関連取引報告表，移転価格文書に加え，本社の中国子会社事業に関連する部門の部門損益や，原材料を本社が仕入れて中国子会社に転売する場合の本社の外部仕入価格，中国子会社製品

を本社経由で販売する場合の本社の外部販売価格などの原始証憑および情報です。

マスターファイルは調査対象選定のプロセスで非公式に提出が要求されることになりそうです。税務当局の情報管理が心配ですが，提出を拒絶すれば調査対象に選定されることにもなりかねないので対応せざるをえないでしょう。したがって，ローカルファイルと同様，マスターファイルも"移転価格調査の対象に選ばれないための文書"作成を心がけるべきであり，グループの関連取引すべてをここで説明しようと意気込む必要は決してありません。

中国での移転価格調査に影響を与えるマスターファイル記載内容としては，中国の市況分析，ロケーション・セービング，マーケット・プレミアムなど中国市場の特性，中国子会社のグループ内での位置付け，無形資産・役務取引における中国子会社と他国子会社との徴収方法・料率の違い，マーケティング活動・研究開発活動など中国における特筆すべき活動，などがあります。当局の視点を意識して必要項目は網羅する一方，書き込みの程度は深すぎず，という勘どころを押さえた作成を心がけましょう。

調査対象に選ばれた場合には，関連取引の契約書，P/O等の紙媒体，価格交渉記録等の電子媒体の閲覧の社内資料の提供が求められるほか，中国子会社が生産する製品別の（切出し）損益計算書や中国子会社が所属する関連事業部の連結損益計算書などを作成するよう要請されます。調査官は時に会社を訪問し，経理，購買，販売，製造，研究開発部門の担当者に質問したり，製造現場を視察したりもします。調査では迅速な対応（質問への回答，追加資料の提出）が必須ですが，担当者が勝手に回答したり資料提出したりしないように監督することも必要です。社外資料や公開資料以外の分析資料の提出は慎重に行ってください。ただし，必要以上の慎重な対応は逆効果です。孫子の兵法書にも「拙速は巧遅に勝る」という格言があります。中国では，つたなくても速いこと（拙速）が，たくみでも遅いこと（巧遅）より好まれます。完璧でなくとも早い対応を心がけましょう。日本企業の意思決定の遅さは中国税務当局に十分知れ渡っています。

第5章　中国の移転価格文書関連規定と当局によるマスターファイルの具体的利用　161

図表5-4　移転価格調査～調査の実務と当局の視点

■ 調査の開始から終了まで
① 調査対象の選定：会社担当者携帯への電話・メッセージを通じた非公式な情報提供の要請
　✓ 申告資料：関連取引報告表，移転価格文書（マスターファイル，ローカルファイル）
　✓ 社外資料：本社（関連部門）の損益表，本社の外部仕入価格・販売価格（原始証憑）
② 調査の開始：非公式調査が一般的
　✓ 社内資料の確認：契約書，P/O等の紙媒体，価格交渉記録等の電子媒体の閲覧
　✓ 資料の分析：製品別切出し損益，連結事業損益表の作成要求
　✓ 会社往査：経理，購買，販売，製造，研究開発部門への質問，製造現場の視察
③ 調査の終了：会社による修正申告を示唆／自主調整拒否の場合は正式調査に移行
■ 当局の視点
　✓ 中国に所在する同業，類似業種数社の平均利益率での調整が基本
　✓ 市況のよい業種では日本以上に中国企業の利益率は高い
　✓ 低廉コスト，中国市場プレミアムによる超過利益があるものと信じている
　✓ 単一機能（委託製造等）法人の欠損は，機能・リスクと不整合として否認
　✓ 利益を生まない技術使用料，商標使用料支出の損金否認
　✓ 内容を伴わない役務費用，マネジメントフィー等支出の損金否認
　✓ 中国研究開発部門への無形資産（特許等）の経済的帰属を主張
　・子会社側の研究開発受託（売り切り）での超過見返りの要求

　調査の終了も多くの場合，非公式です。つまり，更正通知を受けるのではなく，当局の示唆に基づき，会社が修正申告をするという形をとります。自主調整を拒否した場合は，正式に立件して調査に移行することがほのめかされます。本書は中国の移転価格調査対応を解説する書物ではありませんので解説はここまでとしますが，「拙速対応！」を忘れずにいれば，難を免れる可能性が高い

ことを肝に銘じておきましょう。
　図表5-4には，当局対応で頭に入れておくべきポイントを挙げてみました。後手に回らないように注意して事を進めましょう。

おわりに

　本書を最後までお読みいただきありがとうございました。皆さまがマスターファイルを作成するにあたってのゴールと道標を指し示すことができましたでしょうか。

　われわれのアプローチは，社内で共有できる「たたき台としてのGMF」を作成することに主眼を置いています。まずは形にすることが大事です。決して最初から満点のGMFを作成することを目指さず，合格点に達していますが改善の余地を残すGMFを試作してみてはいかがでしょうか。

　3月期決算法人では2018年3月末までのマスターファイル作成が予定されるBEPS対応法改正ですが，中国をはじめとする，動きが読みにくい海外税務当局への対応が後手に回らないようにするためにも，早い時期からGMF作成に着手する必要があります。ただし，現段階では，形あるものを作ることにこだわる一方で，作り込み過ぎないことも重要です。日本を含む各国の法制の動向に柔軟に対処するためにも，現時点でのGMFは未完成品で十分なのです。移転価格リスクを完璧に網羅してつぶそうとするあまり，作業量が膨大となり，何を目的として始めたプロジェクトかを見失うようなことになってはいけません。

　社内リソースを最大限に活用してGMFを作ることもわれわれのこだわりです。GMFは作ったら終わりではなく，的確に運用され，適時修正されてこそ意味があります。GMFは，税務・経理部門だけでなく，法務，研究開発，営業，調達，生産，経営企画などの皆さまにも役割分担して作成するものであるべきだと考えています。

　試作GMFは，貴社が関連取引の対価設定のあり方を議論したり，研究開発費用の回収方法を考えたりする出発点となります。このような過程を経て，

GMF はより精度の高いものになっていくと考えます。

　本書が皆さまのマスターファイル作成プロジェクトの一助となることを希望するとともに,「ここは違うよ！」という点がありましたら是非ご指摘ください。寄稿,セミナー等の機会をみつけて常に改善していきたいと考えています。皆さまとともにマスターファイルを常に進化させ続けていければ幸いです。

著　者

巻末資料

1　BEPS 最終報告書13「移転価格文書および国別報告」（抜粋）
2　本邦税法における移転価格税制関連規定
3　中国の移転価格文書関連規定（42号通達）および特別納税調整実施弁法（2009年2号通達）

巻末資料1

BEPS最終報告書13「移転価格文書および国別報告」（抜粋）

B．移転価格文書化の目的
5．移転価格文書化の目的は次の3つである。
 1．関連者取引における適切な価格と条件の設定とそれにより生じる所得の適切な申告を納税者が検討すること
 2．税務当局のリスク評価実施に必要な情報の提供
 3．税務当局の税務調査が適切に実施されるよう使用される有用な情報の提供（ただし調査の進捗に応じて追加的に当該文書を補足する更なる情報の提供もありうる）
6．これらの目的は各国で適切な国内の移転価格文書化のルールを策定する際に考慮されるべきである。納税者自らが移転価格税制のルールの準拠性を税務申告時あるいはその前に慎重に評価することが求められている点は重要である。また，税務当局が調査をするか否かの判断のための移転価格リスク評価に関する情報へのアクセスの確保も重要である。加えて，いったん調査を行うと決まった場合に，当局が包括的な調査を行えるよう，調査に必要な追加的情報に適時アクセスし要求できることも重要である。

B．1．独立企業原則に関するコンプライアンスについての納税者評価
7．移転価格文書化を通じて納税者が，説得力があり首尾一貫している適切な移転価格状況を明示することは，納税者のコンプライアンス意識を構築することにつながる。適切に作成された文書は，納税者が税務申告に記載した状況を分析していること，比較可能性のあるデータを考慮していること，また一貫した移転価格的立場を維持していることを税務当局にそれなりに確信させるものである。また，同時文書化は納税者の立場の完全性を保証するとともに，自らの状況の事後的な正当化を制約する意味も持つ。
8．このコンプライアンス目的は，2つの主要な方法により確保される。第1に税務当局としては移転価格文書を同時文書として要求することができる。取引が行われたと同時期，または取引が実施された会計年度の税務申告時より前に移転価

格文書は作成されるということである。第2に，法令遵守を推奨するために，移転価格文書を適時かつ正確に作成することを推奨する罰則制度の制定と，納税者の移転価格状況の適時かつ慎重な検討への動機付けをすることである。文書提出に関わる要件と罰則はセクションDにて詳述する。
9. 移転価格文書が納税者の十分に考慮された移転価格ポリシーを説明する資料となることは理想ではあるが，時にコストや時間的制約，立場の異なる社員の要求の衝突などがこれらの目的の妨げになる。各国にとっては文書化規定を合理的に保ち，最重要事項を肝に銘じて重要な取引に集中することが肝要である。

B．2．移転価格リスク評価
10. 効果的なリスクの認識および評価は，移転価格調査や審査先の適切な選定，および調査時において重要な取引に集中するための初期段階における極めて重要な資料である。税務当局は限られた人員で業務を遂行するため，調査の実施の意向を形成する初期段階において，正確な評価は非常に重要である。納税者の移転価格の取決めが深い考察に基づいているか，税務執行資源を十分に投入しているかなどが評価に関わってくる。特に移転価格問題については（複雑かつ事実認定が多いため）効果的なリスク評価は，効率的でピントの合った移転価格調査に不可欠の前提である。OECDの移転価格リスク評価ハンドブックは，そのようなリスク評価を行うための有効なツールである。
11. 税務当局が合理的な移転価格リスク評価を行うにあたり，初期段階において十分かつ信頼のおける情報にアクセスできることは重要である。多くの情報源の中で移転価格文書は考慮すべき重要なものである。
12. 納税者や取引の移転価格リスクを評価するさまざまな情報ツールや情報源がある。たとえば（税務申告と同時に提出される）移転価格申告表や特定のリスク分野に焦点を当てた移転価格質問票，国外関連者との取引価格が独立企業間価格である根拠を示す資料としての一般的な移転価格文書，税務当局と納税者との協調的な討議などである。それぞれのツールや情報はすべて1つの根本的な問題に帰結する。つまり，税務当局が早い段階で関連資料を十分に取得することができるようにすることで，十分な情報に基づいた移転価格リスク評価が可能になるということである。正確で信頼できる情報の使用を保証し，効率よく質の高い移転価格リスク評価を実施することは，移転価格文書化規定を制定するにおいて考慮すべき1つの重要な要素である。

B．3．移転価格調査

13. 移転価格文書化の第3の目的は，税務当局が実施する全面的な移転価格調査に有用な情報を提供することである。移転価格調査は事実に関係する大量の情報を要す傾向があり，時に関連する取引や市場の比較可能性評価が困難な状況に直面する。財務情報，事実情報，業界情報その他についての詳細な考察が必要になることもある。調査の過程において，税務当局がさまざまなルートから十分な情報を得られるかどうかで，納税者と関連企業との関連取引に対し，秩序を保って調査し，適切な移転価格法規を適用できるかどうかが決まる。

14. 適切な移転価格リスク評価の結果，複数の問題に対し詳細な移転価格調査が必要な場合，税務当局は一定期間の間に納税者が保有しているすべての文書や情報を収集する能力を保持していなければならない。納税者の事業概要や機能，関連取引のある関連者の事業概要，機能および業績に関する情報，内部比較対象企業を含む潜在的な比較対象取引に関する情報，および潜在的に比較可能な非関連企業の事業概要および業績に関する情報などである。これらの情報が移転価格文書に含まれていれば，税務当局からの要請を受けて追加情報を提供したり文書を準備する必要はない。しかし，税務調査に必要と思われる資料を予測し，移転価格文書にすべて盛り込むことは，負担が甚だしく大きく非効率である。したがって，税務当局が移転価格文書に含まれない情報を要求することも必然である。移転価格リスク評価において，税務当局が情報にアクセスする権利は，移転価格文書に限定されない。税務当局が特定の情報の入手を移転価格調査のために要するのであれば，税務当局の情報の必要性と納税者の負担とのバランスを考慮して決定されるべきである。

15. 移転価格調査に必要な文書および情報が調査対象企業ではなく，同じグループの他法人が有していることがある。多くの場合，このような文書は当該税務当局の管轄外に置かれているため，税務当局がこれらの文書および情報を直接，あるいは情報交換により国境を跨いで入手できるようにする必要がある。

C．移転価格文書化の3層構造アプローチ

16. セクションBに記載した目的を達成するには各国が共通した移転価格文書化のアプローチを適用する必要がある。このセクションでは3層構造の文書化，つまり(i)多国籍企業グループ全体に共通する基本情報を含むマスターファイル，(ii)ローカル企業の重要な取引に特化して記載されるローカルファイル，(iii)多国籍企業グループの国別所得，納税額および経済活動の実施地域が記載される国別報告

書について説明する。

17. この移転価格文書化アプローチにより，税務当局は効率的かつ網羅的に移転価格リスク分析評価を行ううえで必要な，関連性がありかつ信頼できる情報を得ることができる。本アプローチは調査に必要な情報を展開し，納税者に重要な取引について独立企業原則に則っていることを示す方法やインセンティブを供与する基盤となる。

C．1．マスターファイル

18. マスターファイルは税務当局が重要な移転価格リスクを特定できるように，グループ全体の事業活動の性質，全体の移転価格ポリシー，所得および経済活動のグローバルな配分など，多国籍企業グループ事業の概要について記載するものである。一般的にマスターファイルは，多国籍企業グループのグローバルでの移転価格の取組みにつき，経済，法務，財務，税務の観点からハイレベルな概要を提供する資料として作成される。すなわち，マスターファイルは決して細目まで詳細に記載が求められる資料ではなく，たとえば多国籍企業グループ内の企業が保有する全特許一覧のような資料であっては不必要に負担が大きく，マスターファイル本来の目的から乖離してしまう。納税者は重要な契約書の一覧，無形資産や取引に関する事項を記載したマスターファイルを作成するにあたり，税務当局に多国籍企業グループのグローバルな事業活動やポリシーに関するハイレベルな概要を提供するというマスターファイルが持つ目的を意識しつつ，情報提供の適切なレベルがどこにあるかを慎重に判断しなければならない。マスターファイルに含まれるべき情報が既存の文書の参照で十分である場合，当該文書を参照する旨の記述あるいは当該文書のコピーで，マスターファイルの要件は満たされるといえる。マスターファイル作成の目的から鑑み，情報を省くことで移転価格の算定結果の信頼性に影響を与えるようであれば，それは重要な情報とみなされる。

19. マスターファイルに含まれるべき情報は多国籍企業グループ全体の青写真であり，以下の5カテゴリーに関する情報が含まれる。
    a) 多国籍企業グループの組織構成
    b) 当該多国籍企業の事業概要
    c) 多国籍企業の無形資産
    d) 多国籍企業グループ内金融活動
    e) 多国籍企業の財務状態および納税状況

20. 納税者は，多国籍企業グループ全体の情報をマスターファイルに開示すべきで

ある。しかしながら，ある事業分野がおおむね独立して活動していたり，最近買収された旨を実証できる場合には，事業分野ごとに情報を記載することも認められる。ただし，事業分野ごとに記載したとしても，マスターファイルには集中化したグループ機能や事業分野間の取引について適切に記載されなければならない。事業分野ごとの記載方法を選択したとしても，各国の税務当局が多国籍企業グループの概要を適切に把握できるよう，すべての事業分野のマスターファイルの提供が可能なようにしておかなければならない。

21. 本ガイドラインのチャプター5別添1にマスターファイルに含まれるべき情報を記載している。

C．2．ローカルファイル

22. パラグラフ18で記載したハイレベルな概要を提供するマスターファイルとは対照的に，ローカルファイルは個々の関連者取引に関する詳細な情報を提供するものである。ローカルファイルに含まれる情報は，マスターファイルを補完し，所在する税務管轄地（国）における納税者の移転価格状況が独立企業間原則に則っていることを証明するものである。ローカルファイルは，当該国の税制上重要となる，当該国に所在する会社と国外関連者間の取引の移転価格分析に関する情報に焦点を当てる。ローカルファイルに含まれるべき情報で，マスターファイルの参照で十分な場合には，参照の旨を記載することで十分である。

23. 本ガイドラインのチャプター5別添2にローカルファイルに含まれるべき情報が記載されている。

C．3．国別報告書

24. 国別報告書は多国籍企業グループが事業を行う国別の所得，納税額，経済活動の地域別指標の分布情報を記載するものである。国別報告書では，財務情報を有するすべての構成事業体のリストの記載が求められ，税務管轄地とは異なるそれらの事業構成体の設立場所や主たる事業活動の性質を併せて記載することが求められる。

25. 国別報告書はハイレベルな移転価格リスク評価を行ううえで有用な情報である。また，税務当局は他のBEPS関連リスクの評価や経済分析，統計分析においても本報告書が使えるだろう。しかしながら，国別報告書は個々の詳細な取引および価格の移転価格分析や機能分析，比較分析の代用として用いられるべきではない。また，国別報告書の情報は移転価格が適切か否かの証拠とはならない。税務当局

は，国別報告書に記載する所得のグローバル配分状況をもとに移転価格更正を行うことはできない。
26. 本ガイドラインのチャプター5別添3（本書では省略）に国別報告書の報告様式とその概要説明を記載している。

D．コンプライアンス問題
D．1．同時文書化
27. 納税者は適切に納税を行うため，取引の際に入手可能な情報に基づき，独立企業原則に則った価格設定のために努力をする必要がある。納税者は通常，価格設定前に税務目的で移転価格の妥当性を検討し，申告時に損益結果が独立企業原則に則っているかを確認することを求められる。
28. 納税者は文書作成にあたって，過大なコストや負担を強いられるべきではない。税務当局は文書化要求にあたり，納税者の作成コストや事務負担とのバランスを考慮すべきである。納税者が本ガイドラインの原則を考慮して比較対象取引のデータが存在しない，または比較可能性のあるデータの取得に要するコストが不相応に高いことを十分に説明できる場合には，これらのデータ検索に要するコスト負担を強いられるべきではない。

D．2．時間軸
29. 移転価格文書の作成時期は各国で異なる。ある国では税務申告時までに情報の収集を求め，またある国では移転価格調査開始時までに文書化を完了するよう求めたりする。文書や他の税務調査に関連する情報の提出のために納税者に与えられる時間も，実際に地域によりまちまちである。情報提供の準備期間に差があるために，納税者は，優先順位を設定したり，税務当局に適切な情報を適時に提供したりすることに難しさを覚えるだろう。
30. ローカルファイルは，対象事業年度の税務申告時までに完成させることが最も実務的である。マスターファイルは，多国籍企業グループの最終親事業体の税務申告時までに見直され，必要に応じて更新することが求められる。取引調査のために調査協力プログラムに参加する国々では，一定の情報を税務申告前に提供することが求められるかもしれない。
31. 国別報告書に関しては，別添3に記載された国別情報に関連する財務諸表やその他の財務情報が，一部の国においては対象事業年度の税務申告を終えるまで最終確定しないことがわかっている。この場合には，本ガイドラインのチャプター

5 別添3に記載される国別報告書の記載期限は，最終親事業体の事業年度終了日から1年間まで延長される。

D．3．重要性
32. すべての国外関連者取引がローカルファイルで全面的に開示するほどの重要性を有するわけではない。税務当局は最も重要な情報に興味を持っており，また多国籍企業が規定遵守に疲弊し，最も重要な事項を考慮せず，記録しないことは望んではいない。したがって，本ガイドラインのチャプター5別添2を基準とする各国の移転価格文書化において，多国籍企業グループの全体規模および特性に加え，各国経済の規模と特性，各国の経済における多国籍企業グループの重要性，対象事業体の規模や特性等を考慮して，文書化が要求される閾値を設定すべきである。重要性の尺度は，相対的なもの（売上やコストの一定割合など）でも，絶対的なもの（一定額を超える取引など）でも可能である。各国は，ローカルファイルにおいて各国の状況に応じて重要性の基準を定め，その重要性の基準は事業活動において理解され，受容されやすい客観的な基準であるべきである。マスターファイル作成において適用可能な重要性の基準に関してはパラグラフ18の記述を参照のこと。
33. 多くの国では，中小企業のために移転価格文書化義務の免除や提供情報の軽減等が考慮された簡便的な移転価格文書制度を制定している。納税者への過大なコスト負担を避けるため，中小企業の文書化のレベルを大企業に比して軽減させることが必要である。ただし，税務調査や移転価格リスク評価のために税務当局から個別に国外取引に関する情報提出の要請がなされた場合は，必要情報および文書の提出が必要である。
34. 本ガイドラインのチャプター5別添3の目的に沿って，国別報告書では，事業の規模を問わず，多国籍企業グループが納税者たる事業体を有する納税管轄地域のすべてを記載すべきである。

D．4．文書の保存
35. 納税者は親会社あるいは関連会社の所在国の国内法で求められる合理的な期間を超えて文書を保存する義務が課されるわけではない。ただし，一連の文書（マスターファイル，ローカルファイル，国別報告書）で使用される資料と情報が，法定調査期間年度内の移転価格関連情報である場合もある。たとえば，納税者が自発的に情報を保存する長期契約の情報や，将来年度の移転価格算定方法の適用

の基礎となった比較可能性基準を将来年度におけるテストに用いるために保管するなどである。税務当局は経過年分の文書の入手が難しいことを念頭に置き，要請をする場合には調査が必要な取引に関する文書に対し十分な理由がある場合に限り行うように努めるべきである。
36. 税務当局の最終目的は調査に必要な文書が遅滞なく提出されることである。納税者は税務当局から情報要請がなされた場合に，当該国の規定により指定された形式で遅滞なく提出が可能なように，文書の保存方法を紙媒体，電子媒体，その他の形式より自ら決定する。

D．5．文書の更新頻度
37. 移転価格文書は適用された機能・経済分析が正確で関連性を有するかを確認し，適用された移転価格算定方法の妥当性を検証するために，定期的に見直されなければならない。原則として，マスターファイル，ローカルファイル，国別報告書は毎年見直され，更新されるべきものである。ただし，多くの場合，事業概要，機能分析，比較対象企業の詳細には年ごとの大きな変化はないものと考えられる。
38. 納税者の負担軽減の関連から，事業状況が変わらない限りローカルファイルの比較対象取引のデータベース検索は1年ではなく3年ごとの更新が認められうる。ただし，その場合でも，信頼できる独立企業原則適用のためには，比較対象企業の財務データは毎年更新されなければならない。

D．6．使用言語
39. 文書を現地語で作成する必要性に関しては，文書の翻訳に多大な時間とコストを要することから，移転価格コンプライアンスの複雑な要素となりうる。移転価格文書の作成，提出における言語は各国の法律で規定される必要がある。各国は文書の有用性が失われない限り，移転価格文書を広く使用される言語で作成，提出することを許容するよう推奨される。税務当局が文書の翻訳を必要と判断する場合，翻訳の要請を具体的に行い，翻訳が可能な限り負担にならないように十分な時間を与える必要がある。

D．7．罰則
40. 多くの国は移転価格文書化の効率的な運用のため，文書化に関する罰則を規定している。罰則は遵守した場合に比べて遵守しなかった場合のコストが高くつくように設定されている。罰則制度は各国の法律により運用されている。移転価格

文書化関連の罰則の慣行は，国により大きく異なる。国による罰則制度の差は，納税者の遵法水準に影響を与え，遵守の実践において一方の国を他方の国に優先して処理する可能性を有する。

41. 移転価格文書化義務を履行しなかった場合，または移転価格文書の提出を遅滞なく行わなかった場合における文書化に関連する罰則は，通常は民事上（あるいは行政上）の金銭的ペナルティである。文書化関連の罰則は，不備の文書ごとに，または対象年度ごとに評価し，固定額として算定されるか，最終的に決定された過少申告額の一定割合，収入更正額の一定割合，もしくは文書化されなかった国外取引額の一定割合として判定される。

42. 多国籍企業グループが入手不可能なデータの未提出に対して文書化関連の罰則が科されることのないよう考慮する必要がある。しかし，罰則が科されないとしても関連取引価格が独立企業原則に則っていない場合に，当該収益に対し更正がなされる可能性はある。移転価格的状況がすべて記述されていたとしても，納税者の納税状況が正しいものであるとは限らない。さらに，グループ他社が移転価格に関する責任を負っているという主張は，文書を作成しなくていいという理由にはならず，文書不作成に関する罰則は回避しえない。

43. このほか，各国が納税者に移転価格文書化の実行を促すための方策としては，罰則免除や立証責任の転換のようなコンプライアンス上の動機付けを設けることがある。文書化が適切であり，遅滞なく提出された場合における罰則の免除，あるいは文書は提出したが移転価格更正があった場合において低いペナルティ率を課すことなどである。納税者が移転価格に関する立証責任を持つ一部の国においては，文書が適切に作成され，遅滞なく提出された場合において，立証責任を税務当局に転換させるという，コンプライアンス上の動機付けも可能である。

D．8．機密性

44. 税務当局は一連の文書（マスターファイル，ローカルファイル，国別報告書）に含まれた機密情報（取引上の秘密，技術上の秘密等）およびその他機密性の高い営業上の情報が公開されないよう，すべての合理的な手段を講じて情報が開示されないよう保証しなければならない。また，税務当局は納税者に対して，移転価格文書にて提出された情報の機密性を保証する必要がある。訴訟手続においてそれらの公開が求められた場合には，あらゆる手段を講じて機密性を保証するとともに，必要な部分に限り開示することにする。

45. 税務上の情報交換における機密情報の保護について取り扱うOECDの指針"安

全な保護"では，情報交換の手段を通じて交換された税務情報の機密性を保証するために必要なルール，行動指針を提供している。

D．9．その他

46. 最適な比較対象取引は，同一国内の比較対象取引が入手可能である場合，多くの場合は同一地域内取引ではなく，同一国内の取引情報である。同一国内の情報が適切に入手可能な中で，移転価格文書では同一地域内情報を使用している一部の場合においては，最適な情報の使用要件を充足しなかったことが考えられる。比較対象取引の選定数を制限することによる簡素化の便益は明らかにあり，文書化対象範囲やコンプライアンスコストの側面も考慮されるべきであるが，入手可能な最適な情報の活用を犠牲にしてまで手続の簡素化を求めるべきではない。同一国内の情報の優先性に関する詳細は，パラグラフ1.57～1.58（本書では省略）における市場差異および複数国にわたる分析の記述を参照のこと。
47. 移転価格文書化について，特に移転価格リスク評価の段階において，外部監査人や第三者の承認が求められるべきではない。同様に，移転価格文書化にあたってコンサルティング会社の利用が義務付けられるべきではない。

E．執行

48. 本章で規定される新たな指導原則，特に国別報告書，の効果的で一貫した導入が重要である。OECDとG20加盟国の移転価格文書化および国別報告書は以下の指導原則に基づき制定されるべきである。

E．1．マスターファイルおよびローカルファイル

49. 移転価格文書化新基準におけるマスターファイルとローカルファイルの規範化は，各国の国内法あるいは行政手続に基づき実施されるべきである。マスターファイルとローカルファイルは各国の税務当局の具体的な求めに応じ，各税務当局に直接提供される。OECD/G20 BEPSプロジェクト参加国は，各国の立法および行政手続の過程において，マスターファイルとローカルファイルの機密性を考慮し，本ガイドラインのチャプター5別添1および2に記載する運用基準との一貫性を確保することに同意した。

（以下パラグラフ62まで省略）

チャプター5別添1

移転価格文書―マスターファイル

マスターファイルには以下の情報が記載されなければならない。

組織構成
・法的な所有関係の構成と事業体の所在地図

事業概要
多国籍企業の事業概要の書面による説明（以下の内容を含む）。
・営業収益の重要なドライバー
・売上順に主要な5事業あるいはグループ売上高の5％以上を占める製品・役務のサプライチェーンの概要。図表等で説明してもよい
・グループ間の重要な役務提供の取決め（R&Dサービスを除く）に関するリストおよび概要説明。重要な役務を提供する主要な拠点の機能の説明。サービスコストの分配とグループ間の役務提供の価格決定に関する移転価格ポリシー
・上記2点目に関する、主要な製品および役務提供の主要な地理的マーケットの説明
・文章による簡略的な機能分析（グループ企業の価値創造に対する主要な貢献、主たる機能、負担する重要なリスクおよび使用している重要な資産の説明）
・対象年度における重要な事業再編取引、事業買収、事業売却の説明

無形資産
・無形資産の開発、所有、活用に関する包括的戦略の概要：主要なR&D施設とR&Dマネジメントの所在地
・企業グループの移転価格上重要な無形資産の名称および法的所有事業体のリスト
・無形資産に関係する事業体間の重要な契約リスト：費用分担契約、主要な研究の役務提供契約、ライセンス契約など
・R&Dと無形資産に関するグループ移転価格ポリシーの概要
・対象年度における重要な無形資産譲渡の概要説明（関係事業体、所在国、対価）

金融活動
・グループの資金調達方法の概要：非関連者との重要な資金調達取決め

- グループ内で主要な金融機能を果たす企業の所在地等の記述(当該企業の設立にかかる法施行国(どの国の法律に基づき設立されたか)および実質管理地国の情報を含む)
- 金融取決めにかかるグループの移転価格ポリシーの概要説明

財務・税務の状況
- 対象年度における連結財務諸表または規制・管理会計・税務等の目的で作成される財務報告
- 締結しているユニラテラルAPAおよび国家間の所得配分に関するその他の税務ルーリングのリストと簡単な説明

チャプター5別添2

移転価格文書—ローカルファイル

ローカルファイルには以下の情報が記載されなければならない。

当地企業
- 当地企業の経営構造,組織図,報告先および主たる事務所の所在国に関する説明
- 当年度・直近年度で当地企業が関係する事業再編・無形資産譲渡など,当地企業の事業や事業戦略に関する詳細説明
- 主たる競合先

関連取引
(当地企業が関与する主要取引類型別に以下の情報を提供する)
- 重要な関連取引と背景の説明:製造役務の受入れ,商品購入,役務提供,資金調達・契約履行保証,無形資産ライセンスなどを含む
- 当地企業の関与する関連取引類型別によるグループ内での受払対価の額:製品,役務,ロイヤルティ,金利の受払を含む
- 関連取引類型ごとの関連者の特定と当地企業との関係
- 当地企業の締結する重要な関連取引の写し
- 取引類型ごとの納税者と関連者に関する比較可能性および機能分析:前年度との比較(マスターファイルに記載済の場合は,参照とすることで可)
- 取引類型ごとの適切な移転価格算定方法および選定理由

・検証対象企業の関連者名およびその選定理由
・移転価格算定方法を適用するうえでの重要な前提条件の要約
・複数年度分析を行う場合の理由説明
・内部・外部比較対象取引のリスト:比較対象取引の選定方法と情報源の詳細など移転価格分析で依拠する独立企業の財務指標・情報
・比較差異調整の説明:当該調整の対象先(検証対象先か比較対象先か,その両方か)の明示
・関連取引が独立企業原則に則っているとの結論に至る理由説明
・要約財務諸表
・当地税務管轄地域は参加していないものの上記関連取引に関係するユニラテラル・二国間・多国間事前確認協議その他の合意書類の写し

財務情報
・対象年度の財務諸表(監査済のものが望ましく,なければ監査前のもの)
・移転価格算定方法を適用するうえで用いられた財務情報・配賦計算表
・分析で用いた比較対象企業の財務データの要約と情報源

| 巻末資料2 |

本邦税法における移転価格税制関連規定

租税特別措置法（網掛けは平成29年4月1日施行）

（国外関連者との取引に係る課税の特例）
第66条の4　法人が，昭和61年4月1日以後に開始する各事業年度において，当該法人に係る国外関連者（外国法人で，当該法人との間にいずれか一方の法人が他方の法人の発行済株式又は出資（当該他方の法人が有する自己の株式又は出資を除く。）の総数又は総額の100分の50以上の数又は金額の株式又は出資を直接又は間接に保有する関係その他の政令で定める特殊の関係（次項及び第5項において「特殊の関係」という。）のあるものをいう。以下この条において同じ。）との間で資産の販売，資産の購入，役務の提供その他の取引を行つた場合に，当該取引（当該国外関連者が恒久的施設を有する外国法人である場合には，当該国外関連者の法人税法第141条第1号イに掲げる国内源泉所得に係る取引として政令で定めるものを除く。以下この条において「国外関連取引」という。）につき，当該法人が当該国外関連者から支払を受ける対価の額が独立企業間価格に満たないとき，又は当該法人が当該国外関連者に支払う対価の額が独立企業間価格を超えるときは，当該法人の当該事業年度の所得に係る同法その他法人税に関する法令の規定の適用については，当該国外関連取引は，独立企業間価格で行われたものとみなす。
2　前項に規定する独立企業間価格とは，国外関連取引が次の各号に掲げる取引のいずれに該当するかに応じ当該各号に定める方法のうち，当該国外関連取引の内容及び当該国外関連取引の当事者が果たす機能その他の事情を勘案して，当該国外関連取引が独立の事業者の間で通常の取引の条件に従つて行われるとした場合に当該国外関連取引につき支払われるべき対価の額を算定するための最も適切な方法により算定した金額をいう。
　一　棚卸資産の販売又は購入　次に掲げる方法
　　イ　独立価格比準法（特殊の関係にない売手と買手が，国外関連取引に係る棚卸資産と同種の棚卸資産を当該国外関連取引と取引段階，取引数量その他が同様の状況の下で売買した取引の対価の額（当該同種の棚卸資産を当該国外

関連取引と取引段階，取引数量その他に差異のある状況の下で売買した取引がある場合において，その差異により生じる対価の額の差を調整できるときは，その調整を行つた後の対価の額を含む。）に相当する金額をもつて当該国外関連取引の対価の額とする方法をいう。）

ロ　再販売価格基準法（国外関連取引に係る棚卸資産の買手が特殊の関係にない者に対して当該棚卸資産を販売した対価の額（以下この項において「再販売価格」という。）から通常の利潤の額（当該再販売価格に政令で定める通常の利益率を乗じて計算した金額をいう。）を控除して計算した金額をもつて当該国外関連取引の対価の額とする方法をいう。）

ハ　原価基準法（国外関連取引に係る棚卸資産の売手の購入，製造その他の行為による取得の原価の額に通常の利潤の額（当該原価の額に政令で定める通常の利益率を乗じて計算した金額をいう。）を加算して計算した金額をもつて当該国外関連取引の対価の額とする方法をいう。）

ニ　イからハまでに掲げる方法に準ずる方法その他政令で定める方法

二　前号に掲げる取引以外の取引　同号イからニまでに掲げる方法と同等の方法

3　法人が各事業年度において支出した寄附金の額（法人税法第37条第7項に規定する寄附金の額をいう。以下この項及び次項において同じ。）のうち当該法人に係る国外関連者に対するもの（恒久的施設を有する外国法人である国外関連者に対する寄附金の額で当該国外関連者の各事業年度の同法第141条第1号イに掲げる国内源泉所得に係る所得の金額の計算上益金の額に算入されるものを除く。）は，当該法人の各事業年度の所得の金額の計算上，損金の額に算入しない。この場合において，当該法人に対する同法第37条の規定の適用については，同条第1項中「次項」とあるのは，「次項又は租税特別措置法第66条の4第3項（国外関連者との取引に係る課税の特例）」とする。

4　第1項の規定の適用がある場合における国外関連取引の対価の額と当該国外関連取引に係る同項に規定する独立企業間価格との差額（寄附金の額に該当するものを除く。）は，法人の各事業年度の所得の金額の計算上，損金の額に算入しない。

5　法人が当該法人に係る国外関連者との取引を他の者（当該法人に係る他の国外関連者及び当該国外関連者と特殊の関係のある内国法人を除く。以下この項において「非関連者」という。）を通じて行う場合として政令で定める場合における当該法人と当該非関連者との取引は，当該法人の国外関連取引とみなして，第1項の規定を適用する。

6　法人が，当該事業年度において，当該法人に係る国外関連者との間で国外関連

取引を行つた場合には，当該国外関連取引に係る第1項に規定する独立企業間価格を算定するために必要と認められる書類として財務省令で定める書類（その作成に代えて電磁的記録（電子的方式，磁気的方式その他の人の知覚によつては認識することができない方式で作られる記録であつて，電子計算機による情報処理の用に供されるものをいう。以下この条において同じ。）の作成がされている場合における当該電磁的記録を含む。）を，当該事業年度の法人税法第74条第1項又は第144条の6第1項若しくは第2項の規定による申告書の提出期限までに作成し，又は取得し，財務省令で定めるところにより保存しなければならない。

7　法人が当該事業年度の前事業年度（当該事業年度開始の日の前日を含む事業年度が連結事業年度に該当する場合には，当該法人のその前日を含む連結事業年度。以下この項において「前事業年度等」という。）において当該法人に係る一の国外関連者との間で行つた国外関連取引（前事業年度等がない場合その他の政令で定める場合には，当該事業年度において当該法人と当該一の国外関連者との間で行つた国外関連取引）が次のいずれにも該当する場合又は当該法人が前事業年度等において当該一の国外関連者との間で行つた国外関連取引がない場合として政令で定める場合には，当該法人が当該事業年度において当該一の国外関連者との間で行つた国外関連取引に係る第1項に規定する独立企業間価格を算定するために必要と認められる書類については，前項の規定は，適用しない。
　一　一の国外関連者との間で行つた国外関連取引につき，当該一の国外関連者から支払を受ける対価の額及び当該一の国外関連者に支払う対価の額の合計額が50億円未満であること。
　二　一の国外関連者との間で行つた国外関連取引（特許権，実用新案権その他の財務省令で定める資産の譲渡若しくは貸付け（資産に係る権利の設定その他他の者に資産を使用させる一切の行為を含む。）又はこれらに類似する取引に限る。）につき，当該一の国外関連者から支払を受ける対価の額及び当該一の国外関連者に支払う対価の額の合計額が3億円未満であること。

8　国税庁の当該職員又は法人の納税地の所轄税務署若しくは所轄国税局の当該職員が，法人に各事業年度における同時文書化対象国外関連取引（前項の規定の適用がある国外関連取引以外の国外関連取引をいう。以下この項及び第11項において同じ。）に係る第6項に規定する財務省令で定める書類（その作成又は保存に代えて電磁的記録の作成又は保存がされている場合における当該電磁的記録を含む。以下この項及び第11項において同じ。）若しくはその写しの提示若しくは提出を求めた場合においてその提示若しくは提出を求めた日から45日を超えない範囲内に

においてその求めた書類若しくはその写しの提示若しくは提出の準備に通常要する日数を勘案して当該職員が指定する日までにこれらの提示若しくは提出がなかつたとき、又は法人に各事業年度における同時文書化対象国外関連取引に係る第1項に規定する独立企業間価格を算定するために重要と認められる書類として財務省令で定める書類（その作成又は保存に代えて電磁的記録の作成又は保存がされている場合における当該電磁的記録を含む。以下この項及び第11項において同じ。）若しくはその写しの提示若しくは提出を求めた場合においてその提示若しくは提出を求めた日から60日を超えない範囲内においてその求めた書類若しくはその写しの提示若しくは提出の準備に通常要する日数を勘案して当該職員が指定する日までにこれらの提示若しくは提出がなかつたときは、税務署長は、次の各号に掲げる方法（第2号に掲げる方法は、第1号に掲げる方法を用いることができない場合に限り、用いることができる。）により算定した金額を当該独立企業間価格と推定して、当該法人の当該事業年度の所得の金額又は欠損金額につき法人税法第2条第39号に規定する更正（以下この条において「更正」という。）又は同法第2条第40号に規定する決定（次項及び第21項において「決定」という。）をすることができる。

一　当該法人の当該国外関連取引に係る事業と同種の事業を営む法人で事業規模その他の事業の内容が類似するものの当該事業に係る売上総利益率又はこれに準ずる割合として政令で定める割合を基礎とした第2項第1号ロ若しくはハに掲げる方法又は同項第2号に定める方法（同項第1号ロ又はハに掲げる方法と同等の方法に限る。）

二　第2項第1号ニに規定する政令で定める方法又は同項第2号に定める方法（当該政令で定める方法と同等の方法に限る。）に類するものとして政令で定める方法

9　国税庁の当該職員又は法人の納税地の所轄税務署若しくは所轄国税局の当該職員が、法人に各事業年度における同時文書化免除国外関連取引（第7項の規定の適用がある国外関連取引をいう。第12項において同じ。）に係る第1項に規定する独立企業間価格を算定するために重要と認められる書類として財務省令で定める書類（その作成又は保存に代えて電磁的記録の作成又は保存がされている場合における当該電磁的記録を含む。以下この項及び第12項において同じ。）又はその写しの提示又は提出を求めた場合において、その提示又は提出を求めた日から60日を超えない範囲内においてその求めた書類又はその写しの提示又は提出の準備に通常要する日数を勘案して当該職員が指定する日までにこれらの提示又は提出が

なかつたときは，税務署長は，前項各号に掲げる方法（同項第2号に掲げる方法は，同項第1号に掲げる方法を用いることができない場合に限り，用いることができる。）により算定した金額を当該独立企業間価格と推定して，当該法人の当該事業年度の所得の金額又は欠損金額につき更正又は決定をすることができる。

10　国税庁の当該職員又は法人の納税地の所轄税務署若しくは所轄国税局の当該職員は，法人と当該法人に係る国外関連者との間の取引に関する調査について必要があるときは，当該法人に対し，当該国外関連者が保存する帳簿書類（その作成又は保存に代えて電磁的記録の作成又は保存がされている場合における当該電磁的記録を含む。以下この条において同じ。）又はその写しの提示又は提出を求めることができる。

11　国税庁の当該職員又は法人の納税地の所轄税務署若しくは所轄国税局の当該職員は，法人に各事業年度における同時文書化対象国外関連取引に係る第6項に規定する財務省令で定める書類若しくはその写しの提示若しくは提出を求めた場合においてその提示若しくは提出を求めた日から45日を超えない範囲内においてその求めた書類若しくはその写しの提示若しくは提出の準備に通常要する日数を勘案して当該職員が指定する日までにこれらの提示若しくは提出がなかつたとき，又は法人に各事業年度における同時文書化対象国外関連取引に係る第8項に規定する独立企業間価格を算定するために重要と認められる書類として財務省令で定める書類若しくはその写しの提示若しくは提出を求めた場合においてその提示若しくは提出を求めた日から60日を超えない範囲内においてその求めた書類若しくはその写しの提示若しくは提出の準備に通常要する日数を勘案して当該職員が指定する日までにこれらの提示若しくは提出がなかつたときに，当該法人の各事業年度における同時文書化対象国外関連取引に係る第1項に規定する独立企業間価格を算定するために必要があるときは，その必要と認められる範囲内において，当該法人の当該同時文書化対象国外関連取引に係る事業と同種の事業を営む者に質問し，当該事業に関する帳簿書類を検査し，又は当該帳簿書類（その写しを含む。）の提示若しくは提出を求めることができる。

12　国税庁の当該職員又は法人の納税地の所轄税務署若しくは所轄国税局の当該職員は，法人に各事業年度における同時文書化免除国外関連取引に係る第9項に規定する財務省令で定める書類又はその写しの提示又は提出を求めた場合において，その提示又は提出を求めた日から60日を超えない範囲内においてその求めた書類又はその写しの提示又は提出の準備に通常要する日数を勘案して当該職員が指定する日までにこれらの提示又は提出がなかつたときに，当該法人の各事業年度に

おける同時文書化免除国外関連取引に係る第1項に規定する独立企業間価格を算定するために必要があるときは，その必要と認められる範囲内において，当該法人の当該同時文書化免除国外関連取引に係る事業と同種の事業を営む者に質問し，当該事業に関する帳簿書類を検査し，又は当該帳簿書類（その写しを含む。）の提示若しくは提出を求めることができる。

13　国税庁の当該職員又は法人の納税地の所轄税務署若しくは所轄国税局の当該職員は，法人の国外関連取引に係る第1項に規定する独立企業間価格を算定するために必要があるときは，前2項の規定に基づき提出された帳簿書類（その写しを含む。）を留め置くことができる。

14　前3項の規定による当該職員の権限は，犯罪捜査のために認められたものと解してはならない。

15　国税庁，国税局又は税務署の当該職員は，第11項又は第12項の規定による質問，検査又は提示若しくは提出の要求をする場合には，その身分を示す証明書を携帯し，関係人の請求があつたときは，これを提示しなければならない。

16　次の各号のいずれかに該当する者は，30万円以下の罰金に処する。
　一　第11項若しくは第12項の規定による当該職員の質問に対して答弁せず，若しくは偽りの答弁をし，又はこれらの規定による検査を拒み，妨げ，若しくは忌避した者
　二　第11項又は第12項の規定による帳簿書類の提示又は提出の要求に対し，正当な理由がなくこれに応じず，又は偽りの記載若しくは記録をした帳簿書類（その写しを含む。）を提示し，若しくは提出した者

17　法人の代表者（人格のない社団等の管理人を含む。）又は法人若しくは人の代理人，使用人その他の従業者が，その法人又は人の業務に関して前項の違反行為をしたときは，その行為者を罰するほか，その法人又は人に対して同項の刑を科する。

18　人格のない社団等について前項の規定の適用がある場合には，その代表者又は管理人がその訴訟行為につきその人格のない社団等を代表するほか，法人を被告人又は被疑者とする場合の刑事訴訟に関する法律の規定を準用する。

19　法人は，各事業年度において当該法人に係る国外関連者との間で取引を行つた場合には，当該国外関連者の名称及び本店又は主たる事務所の所在地その他財務省令で定める事項を記載した書類を当該事業年度の確定申告書（法人税法第2条第31号に規定する確定申告書をいう。）に添付しなければならない。

20　法人が当該法人に係る国外関連者との間で行つた取引につき第1項の規定の適

用があつた場合において，同項の規定の適用に関し国税通則法第23条第1項第1号又は第3号に掲げる事由が生じたときの法人税及び地方法人税に係る同項（第2号を除く。）の規定の適用については，同項中「5年」とあるのは，「6年」とする。

21　更正若しくは決定（以下この項において「更正決定」という。）又は国税通則法第32条第5項に規定する賦課決定（以下この条において「賦課決定」という。）で次の各号に掲げるものは，同法第70条第1項の規定にかかわらず，当該各号に定める期限又は日から6年を経過する日まで，することができる。この場合において，同条第3項及び第4項並びに同法第71条第1項並びに地方法人税法第26条第1項及び第3項の規定の適用については，国税通則法第70条第3項中「前2項の規定により」とあるのは「前2項及び租税特別措置法第66条の4第21項（国外関連者との取引に係る課税の特例）の規定により」と，「，前2項」とあるのは「，前2項及び同法第66条の4第21項」と，同条第4項中「第1項又は前項」とあるのは「第1項，前項又は租税特別措置法第66条の4第21項」と，同法第71条第1項中「が前条」とあるのは「が前条及び租税特別措置法第66条の4第21項（国外関連者との取引に係る課税の特例）」と，「，前条」とあるのは「，前条及び同項」と，地方法人税法第26条第1項中「第70条第3項」とあるのは「第70条第3項（租税特別措置法（昭和32年法律第26号）第66条の4第21項の規定により読み替えて適用する場合を含む。以下この項において同じ。）」と，「更正の請求（同法」とあるのは「更正の請求（国税通則法」と，「及び第2項の規定」とあるのは「及び第2項の規定並びに租税特別措置法第66条の4第21項の規定」と，「同条第3項」とあるのは「国税通則法第70条第3項」と，同条第3項中「限る」とあるのは「限り，租税特別措置法第66条の4第21項の規定により読み替えて適用する場合を含む」と，「同法」とあるのは「国税通則法」と，「又は第1項の規定」とあるのは「，租税特別措置法第66条の4第21項の規定又は第1項の規定」と，「及び第1項の規定」とあるのは「，租税特別措置法第66条の4第21項の規定及び第1項の規定」とする。

一　法人が当該法人に係る国外関連者との取引を第1項に規定する独立企業間価格と異なる対価の額で行つた事実に基づいてする法人税に係る更正決定又は当該更正決定に伴い国税通則法第19条第1項に規定する課税標準等（以下この項において「課税標準等」という。）若しくは同条第1項に規定する税額等（以下この項において「税額等」という。）に異動を生ずべき法人税に係る更正決定　これらの更正決定に係る法人税の同法第2条第7号に規定する法定申告期限

（同法第61条第1項に規定する還付請求申告書に係る更正については，当該還付請求申告書を提出した日）

二　前号に規定する事実に基づいてする法人税に係る更正決定若しくは国税通則法第2条第6号に規定する納税申告書（同法第17条第2項に規定する期限内申告書を除く。以下この項において「納税申告書」という。）の提出又は当該更正決定若しくは当該納税申告書の提出に伴い前号に規定する異動を生ずべき法人税に係る更正決定若しくは納税申告書の提出に伴いこれらの法人税に係る同法第69条に規定する加算税（第4号において「加算税」という。）についてする賦課決定　その納税義務の成立の日

三　第1号に掲げる更正決定に伴い課税標準等又は税額等に異動を生ずべき地方法人税に係る更正決定　当該更正決定に係る地方法人税の国税通則法第2条第7号に規定する法定申告期限（第1号の法人税に係る更正が同法第61条第1項に規定する還付請求申告書に係る更正である場合には，当該還付請求申告書を提出した日）

四　第1号に掲げる更正決定又は同号に規定する事実に基づいてする法人税に係る納税申告書の提出若しくは同号に規定する異動を生ずべき法人税に係る納税申告書の提出に伴い課税標準等又は税額等に異動を生ずべき地方法人税に係る更正決定又は納税申告書の提出に伴いその地方法人税に係る加算税についてする賦課決定　その納税義務の成立の日

22　法人が当該法人に係る国外関連者との取引を第1項に規定する独立企業間価格と異なる対価の額で行つたことに伴い納付すべき税額が過少となり，又は国税通則法第2条第6号に規定する還付金の額が過大となつた法人税及び地方法人税に係る同法第72条第1項に規定する国税の徴収権の時効は，同法第73条第3項の規定の適用がある場合を除き，当該法人税及び地方法人税の同法第72条第1項に規定する法定納期限（同法第70条第3項の規定による更正又は賦課決定に係るものを除く。）から1年間は，進行しない。

23　前項の場合においては，国税通則法第73条第3項ただし書の規定を準用する。この場合において，同項ただし書中「2年」とあるのは，「1年」と読み替えるものとする。

24　第21項の規定により読み替えて適用される国税通則法第70条第3項の規定による更正又は賦課決定により納付すべき法人税及び地方法人税に係る同法第72条第1項の規定の適用については，同項中「第70条第3項」とあるのは，「租税特別措置法第66条の4第21項（国外関連者との取引に係る課税の特例）の規定により読

25 第1項の規定の適用がある場合において，法人と当該法人に係る国外関連者（法人税法第139条第1項に規定する租税条約（以下この項及び次条第1項において「租税条約」という。）の規定により租税条約の我が国以外の締約国又は締約者（以下この項及び次条第1項において「条約相手国等」という。）の居住者又は法人とされるものに限る。）との間の国外関連取引に係る第1項に規定する独立企業間価格につき財務大臣が当該条約相手国等の権限ある当局との間で当該租税条約に基づく合意をしたことその他の政令で定める要件を満たすときは，国税局長又は税務署長は，政令で定めるところにより，当該法人が同項の規定の適用により納付すべき法人税に係る延滞税及び地方法人税に係る延滞税のうちその計算の基礎となる期間で財務大臣が当該条約相手国等の権限ある当局との間で合意をした期間に対応する部分に相当する金額を免除することができる。

26 外国法人が国外関連者に該当するかどうかの判定に関する事項その他第1項から第9項まで及び第13項の規定の適用に関し必要な事項は，政令で定める。

租税特別措置法施行規則（網掛けは平成29年4月1日施行）

（国外関連者との取引に係る課税の特例）

第22条の10 施行令第39条の12第5項に規定する財務省令で定める規定は，外国居住者等の所得に対する相互主義による所得税等の非課税等に関する法律（昭和37年法律第144号）第7条第2項から第4項まで，第11条第1項から第3項まで，第15条第19項（第1号を除く。）から第24項まで及び第19条第2項から第4項までの規定とし，法第66条の4第6項に規定する財務省令で定める書類は，次に掲げる書類とする。
一 法第66条の4第1項に規定する国外関連取引（以下この項において「国外関連取引」という。）の内容を記載した書類として次に掲げる書類
　イ 当該国外関連取引に係る資産の明細及び役務の内容を記載した書類
　ロ 当該国外関連取引において法第66条の4第1項の法人及び当該法人に係る国外関連者（同項に規定する国外関連者をいう。以下この項において同じ。）が果たす機能並びに当該国外関連取引において当該法人及び当該国外関連者が負担するリスク（為替相場の変動，市場金利の変動，経済事情の変化その他の要因による当該国外関連取引に係る利益又は損失の増加又は減少の生ず

るおそれをいう。ロにおいて同じ。）に係る事項（当該法人又は当該国外関連者の事業再編（合併，分割，事業の譲渡，事業上の重要な資産の譲渡その他の事由による事業の構造の変更をいう。ロにおいて同じ。）により当該国外関連取引において当該法人若しくは当該国外関連者が果たす機能又は当該国外関連取引において当該法人若しくは当該国外関連者が負担するリスクに変更があつた場合には，その事業再編の内容並びにその機能及びリスクの変更の内容を含む。）を記載した書類

　ハ　法第66条の4第1項の法人又は当該法人に係る国外関連者が当該国外関連取引において使用した無形固定資産その他の無形資産の内容を記載した書類

　ニ　当該国外関連取引に係る契約書又は契約の内容を記載した書類

　ホ　法第66条の4第1項の法人が，当該国外関連取引において当該法人に係る国外関連者から支払を受ける対価の額又は当該国外関連者に支払う対価の額の明細，当該支払を受ける対価の額又は当該支払う対価の額の設定の方法及び当該設定に係る交渉の内容を記載した書類並びに当該支払を受ける対価の額又は当該支払う対価の額に係る独立企業間価格（同項に規定する独立企業間価格をいう。以下この条において同じ。）の算定の方法及び当該国外関連取引（当該国外関連取引と密接に関連する他の取引を含む。）に関する事項についての我が国以外の国又は地域の権限ある当局による確認がある場合（当該法人の納税地を所轄する国税局長又は税務署長による確認がある場合を除く。）における当該確認の内容を記載した書類

　ヘ　法第66条の4第1項の法人及び当該法人に係る国外関連者の当該国外関連取引に係る損益の明細並びに当該損益の額の計算の過程を記載した書類

　ト　当該国外関連取引に係る資産の販売，資産の購入，役務の提供その他の取引に係る市場に関する分析（当該市場の特性が当該国外関連取引に係る対価の額又は損益の額に与える影響に関する分析を含む。）その他当該市場に関する事項を記載した書類

　チ　法第66条の4第1項の法人及び当該法人に係る国外関連者の事業の内容，事業の方針及び組織の系統を記載した書類

　リ　当該国外関連取引と密接に関連する他の取引の有無及びその取引の内容並びにその取引が当該国外関連取引と密接に関連する事情を記載した書類

二　法第66条の4第1項の法人が国外関連取引に係る独立企業間価格を算定するための書類として次に掲げる書類

　イ　当該法人が選定した法第66条の4第2項に規定する算定の方法，その選定

に係る重要な前提条件及びその選定の理由を記載した書類その他当該法人が独立企業間価格を算定するに当たり作成した書類（ロからホまでに掲げる書類を除く。）

ロ　当該法人が採用した当該国外関連取引に係る比較対象取引（法第66条の4第2項第1号イに規定する特殊の関係にない売手と買手が国外関連取引に係る棚卸資産と同種の棚卸資産を当該国外関連取引と同様の状況の下で売買した取引、施行令第39条の12第6項に規定する比較対象取引、同条第7項に規定する比較対象取引、同条第8項第1号イに規定する比較対象取引、同号ハ(1)に規定する比較対象取引、同項第2号に規定する比較対象取引、同項第3号に規定する比較対象取引、同項第4号に規定する比較対象取引及び同項第5号に規定する比較対象取引をいう。以下この号において同じ。）（法第66条の4第2項第1号ニに掲げる準ずる方法に係る比較対象取引に相当する取引、施行令第39条の12第8項第6号に掲げる方法に係る比較対象取引に相当する取引及び法第66条の4第2項第2号に定める方法に係る比較対象取引に相当する取引を含む。以下この号において「比較対象取引等」という。）の選定に係る事項及び当該比較対象取引等の明細（当該比較対象取引等の財務情報を含む。）を記載した書類

ハ　当該法人が施行令第39条の12第8項第1号に掲げる方法又は同項第6号に掲げる方法（同項第1号に掲げる方法に準ずる方法に限る。）を選定した場合におけるこれらの方法により当該法人及び当該法人に係る国外関連者に帰属するものとして計算した金額を算出するための書類（ロ及びホに掲げる書類を除く。）

ニ　当該法人が複数の国外関連取引を一の取引として独立企業間価格の算定を行つた場合のその理由及び各取引の内容を記載した書類

ホ　比較対象取引等について差異調整（法第66条の4第2項第1号イに規定する調整、施行令第39条の12第6項に規定する必要な調整、同条第7項に規定する必要な調整、同条第8項第1号イに規定する必要な調整、同号ハ(1)に規定する必要な調整、同項第2号に規定する必要な調整、同項第3号に規定する必要な調整、同項第4号に規定する必要な調整及び同項第5号に規定する必要な調整をいう。以下この号において同じ。）（法第66条の4第2項第1号ニに掲げる準ずる方法に係る差異調整に相当する調整、施行令第39条の12第8項第6号に掲げる方法に係る差異調整に相当する調整及び法第66条の4第2項第2号に定める方法に係る差異調整に相当する調整を含む。以下この号

において「差異調整等」という。）を行つた場合のその理由及び当該差異調整等の方法を記載した書類

2 　法第66条の４第６項の法人は，前項各号に掲げる書類を整理し，起算日から７年間（欠損金額が生じた事業年度に係る当該書類にあつては，10年間），当該書類を納税地又は当該法人の国内の事務所，事業所その他これらに準ずるものの所在地（以下この項において「納税地等」という。）に保存しなければならない。この場合において，当該書類のうち納税地等に保存することを困難とする相当の理由があると認められるものについては，当該書類の写しを納税地等に保存していることをもつて当該書類を納税地等に保存しているものとみなす。

3 　前項に規定する起算日とは，法第66条の４第６項の規定により第１項各号に掲げる書類を作成し，又は取得すべきこととされる事業年度の法人税法第74条第１項又は第144条の６第１項若しくは第２項の規定による申告書の提出期限の翌日をいう。

4 　法第66条の４第７項第２号に規定する財務省令で定める資産は，無形固定資産その他の無形資産とする。

5 　法第66条の４第８項に規定する独立企業間価格を算定するために重要と認められる書類として財務省令で定める書類は，第１項各号に掲げる書類に記載された内容の基礎となる事項を記載した書類，同項各号に掲げる書類に記載された内容に関連する事項を記載した書類その他同条第８項に規定する同時文書化対象国外関連取引に係る独立企業間価格を算定する場合に重要と認められる書類とする。

6 　法第66条の４第９項に規定する財務省令で定める書類は，第１項各号に掲げる書類に相当する書類，同項各号に掲げる書類に相当する書類に記載された内容の基礎となる事項を記載した書類，同項各号に掲げる書類に相当する書類に記載された内容に関連する事項を記載した書類その他同条第９項に規定する同時文書化免除国外関連取引に係る独立企業間価格を算定する場合に重要と認められる書類とする。

7 　法第66条の４第19項に規定する財務省令で定める事項は，次に掲げる事項とする。

　一　法第66条の４第19項の法人との間で同条第１項に規定する取引を行う者が当該法人に係る国外関連者（同項に規定する国外関連者をいい，同条第５項の規定の適用がある場合における同項に規定する非関連者を含む。以下この項において同じ。）に該当する事情

　二　法第66条の４第19項の法人の当該事業年度終了の時における当該法人に係る

国外関連者の資本金の額又は出資金の額及び従業員の数並びに当該国外関連者の営む主たる事業の内容
三　法第66条の4第19項の法人の当該事業年度終了の日以前の同日に最も近い日に終了する当該法人に係る国外関連者の事業年度の営業収益，営業費用，営業利益，税引前当期利益及び利益剰余金の額
四　法第66条の4第19項の法人が，当該事業年度において当該法人に係る国外関連者から支払を受ける対価の額の取引種類別の総額又は当該国外関連者に支払う対価の額の取引種類別の総額
五　法第66条の4第2項に規定する算定の方法のうち，前号に規定する対価の額に係る独立企業間価格につき同条第19項の法人が選定した算定の方法（一の取引種類につきその選定した算定の方法が二以上ある場合には，そのうち主たる算定の方法）
六　第4号に規定する対価の額に係る独立企業間価格の算定の方法についての法第66条の4第19項の法人の納税地を所轄する国税局長若しくは税務署長又は我が国以外の国若しくは地域の権限ある当局による確認の有無
七　その他参考となるべき事項

（特定多国籍企業グループに係る事業概況報告事項の提供）
第22条の10の5　法第66条の4の5第1項に規定する財務省令で定める事項は，次に掲げる事項とする。
一　特定多国籍企業グループの構成会社等の名称及び本店又は主たる事務所の所在地並びに当該構成会社等の間の関係を系統的に示した図
二　特定多国籍企業グループの構成会社等の事業等の概況として次に掲げる事項
　イ　当該特定多国籍企業グループの構成会社等の売上，収入その他の収益の重要な源泉
　ロ　当該特定多国籍企業グループの主要な五種類の商品若しくは製品又は役務の販売又は提供に係るサプライ・チェーン（消費者に至るまでの一連の流通プロセスをいう。ハにおいて同じ。）の概要及び当該商品若しくは製品又は役務の販売又は提供に関する地理的な市場の概要
　ハ　当該特定多国籍企業グループの商品若しくは製品又は役務の販売又は提供に係る売上金額，収入金額その他の収益の額の合計額のうちに当該合計額を商品若しくは製品又は役務の種類ごとに区分した金額の占める割合が百分の五を超える場合における当該超えることとなる商品若しくは製品又は役務の

　　　　販売又は提供に係るサプライ・チェーンの概要及び当該商品若しくは製品又は役務の販売又は提供に関する地理的な市場の概要（ロに掲げる事項を除く。）
　　ニ　当該特定多国籍企業グループの構成会社等の間で行われる役務の提供（研究開発に係るものを除く。ニにおいて同じ。）に関する重要な取決めの一覧表及び当該取決めの概要（当該役務の提供に係る対価の額の設定の方針の概要，当該役務の提供に係る費用の額の負担の方針の概要及び当該役務の提供が行われる主要な拠点の機能の概要を含む。）
　　ホ　当該特定多国籍企業グループの構成会社等が付加価値の創出において果たす主たる機能，負担する重要なリスク（為替相場の変動，市場金利の変動，経済事情の変化その他の要因による利益又は損失の増加又は減少の生ずるおそれをいう。），使用する重要な資産その他当該構成会社等が付加価値の創出において果たす主要な役割の概要
　　ヘ　当該特定多国籍企業グループの構成会社等に係る事業上の重要な合併，分割，事業の譲渡その他の行為の概要
　三　特定多国籍企業グループの無形固定資産その他の無形資産（以下第七号までにおいて「無形資産」という。）の研究開発，所有及び使用に関する包括的な戦略の概要並びに当該無形資産の研究開発の用に供する主要な施設の所在地及び当該研究開発を管理する場所の所在地
　四　特定多国籍企業グループの構成会社等の間で行われる取引において使用される重要な無形資産の一覧表及び当該無形資産を所有する当該構成会社等の一覧表
　五　特定多国籍企業グループの構成会社等の間の無形資産の研究開発に要する費用の額の負担に関する重要な取決めの一覧表，当該無形資産の主要な研究開発に係る役務の提供に関する重要な取決めの一覧表，当該無形資産の使用の許諾に関する重要な取決めの一覧表その他当該構成会社等の間の無形資産に関する重要な取決めの一覧表
　六　特定多国籍企業グループの構成会社等の間の研究開発及び無形資産に関連する取引に係る対価の額の設定の方針の概要
　七　特定多国籍企業グループの構成会社等の間で行われた重要な無形資産（当該無形資産の持分を含む。以下この号において同じ。）の移転に関係する当該構成会社等の名称及び本店又は主たる事務所の所在地並びに当該移転に係る無形資産の内容及び対価の額その他当該構成会社等の間で行われた当該移転の概要

八　特定多国籍企業グループの構成会社等の資金の調達方法の概要（当該特定多国籍企業グループの構成会社等以外の者からの資金の調達に関する重要な取決めの概要を含む。）
九　特定多国籍企業グループの構成会社等のうち当該特定多国籍企業グループに係る中心的な金融機能を果たすものの名称及び本店又は主たる事務所の所在地（当該構成会社等が設立に当たつて準拠した法令を制定した国又は地域の名称及び当該構成会社等の事業が管理され，かつ，支配されている場所の所在する国又は地域の名称を含む。）
十　特定多国籍企業グループの構成会社等の間で行われる資金の貸借に係る対価の額の設定の方針の概要
十一　特定多国籍企業グループの連結財務諸表（連結財務諸表がない場合には，特定多国籍企業グループの財産及び損益の状況を明らかにした書類）に記載された損益及び財産の状況
十二　特定多国籍企業グループの居住地国を異にする構成会社等の間で行われる取引に係る対価の額とすべき額の算定の方法その他当該構成会社等の間の所得の配分に関する事項につき当該特定多国籍企業グループの一の構成会社等の居住地国の権限ある当局のみによる確認がある場合における当該確認の概要
十三　前各号に掲げる事項について参考となるべき事項

2　法第66条の4の5第1項の規定による事業概況報告事項（同項に規定する事業概況報告事項をいう。次項において同じ。）の提供は，日本語又は英語により行うものとする。

3　法第66条の4の5第2項に規定する財務省令で定める事項は，同項の事業概況報告事項を代表して提供する法人及び同項の規定の適用があるとしたならば当該事業概況報告事項の提供を要しないこととされる法人に関する次に掲げる事項とする。
　一　これらの法人のうち内国法人については，当該内国法人の名称，本店又は主たる事務所の所在地及び法人番号並びに代表者の氏名（法人番号を有しない内国法人にあつては，名称及び本店又は主たる事務所の所在地並びに代表者の氏名）
　二　これらの法人のうち外国法人については，当該外国法人の名称，本店又は主たる事務所の所在地，恒久的施設を通じて行う事業に係る事務所，事業所その他これらに準ずるものの所在地（これらが二以上ある場合には，主たるものの所在地。以下この号において同じ。）及び法人番号並びに恒久的施設を通じて行

う事業の経営の責任者の氏名(法人番号を有しない外国法人にあつては,名称,本店又は主たる事務所の所在地及び恒久的施設を通じて行う事業に係る事務所,事業所その他これらに準ずるものの所在地並びに恒久的施設を通じて行う事業の経営の責任者の氏名)

巻末資料３

中国の移転価格文書関連規定（42号通達）
および特別納税調整実施弁法（2009年２号通達）

関連申告と同期資料の管理に関する関係通達

国家税務総局公告2016年第42号

　関連申告と同期資料の管理のさらなる整備のため，《中華人民共和国企業所得税法》（以下「税法」と略称）および同実施条例，《中華人民共和国税収徴収管理法》（以下「徴管法」と略称）および同実施細則の関連規定に基づき，所在する関連問題につき下記のとおり公告する。

第１条　帳簿納税方式を採用している居住者企業および中国に所在する恒久的施設であり，かつ帳簿納税方式を採用する非居住者企業は税務機関に年度企業所得税申告表を提出するにあたり，その関連者との間の取引に関する関連申告を行うこと。ここに《中華人民共和国企業年度関連取引報告表（2016年版）》を添付する。

第２条　企業とその他企業，組織あるいは個人が下記の一に該当する場合，本公告における関連関係を有する者とされる。

　㈠　一方が直接的にあるいは間接的に，他方の株式総額の25％以上を保有する，あるいは第三者により双方が直接的にあるいは間接的に株式の25％以上を保有される関係。一方が中間会社を通じて他方の持分を有する場合，一方の中間会社に対する持分が25％以上に達していれば，一方の他方に対する持分比率は，中間会社が他方の会社に有する持分比率と同じとする。婚姻関係，直系血族関係，兄弟姉妹およびその他扶養関係にある２名以上の自然人が共同で所有する同一企業は，関連関係を判定において持分比率を合算して計算する。

　㈡　持合関係あるいは同一第三者による持分被所有の関係にある企業において，持分比率が本条㈠項の規定に達しないものの，双方の間の貸借資金総額が一方の企業の払込資本金の50％以上に達している，あるいは一方の企業の貸借資金総額の10％以上を他方が保証する関係（独立金融機関の間における貸借および保証は除く）。

貸借資金総額の払込資本金に占める割合
＝年間加重平均貸借資金÷年間加重平均払込資本金

うち：

年度加重平均貸借資金
＝Σ（貸借資金帳簿価額×貸借資金年間実際利用日数÷365）

年度加重平均払込資本金
＝Σ（払込資本金帳簿価額×払込資本金年間実際使用日数÷365）

(三) 持合関係あるいは同一第三者による持分被所有の関係にある企業において，持分比率が本条第(一)項の規定に達しないものの，一方の生産経営活動が，他方より提供される工業財産権，特許権，被特許技術，商標権，著作権等の知的財産権なくしては正常に行いえない関係。

(四) 持合関係あるいは同一第三者による持分被所有の関係にある企業において，持分比率が本条第(一)項の規定に達しないものの，一方の仕入，販売，労務の授受等の経営活動が他方の実質支配を受ける関係。実質支配とは，一方が他方の財務，経営政策に関する決定権を有し，かつ他方の経営活動から利益を得ることを指す。

(五) 一方の半数以上の董事あるいは半数以上の高級管理職員（上場企業の董事会秘書，経理，副経理，財務責任者および会社定款に規定するその他の人員）が他方より任命されるあるいは派遣されている，あるいは同時に他方の董事や高級管理職員を兼務する関係，および同じ第三者より半数以上の董事あるいは半数以上の高級管理職員が派遣されている関係の双方。

(六) 婚姻関係，直系血族関係，兄弟姉妹およびその他扶養関係にある2名の自然人がそれぞれ一方と他方として本条第(一)項から(五)項の関係のいずれかに該当する場合。

(七) その他実質的な共同利益を有する関係にある双方。

本条第(二)項の規定を除き，上述の関連関係が年度内に変化する場合には，関連関係は実質存続期間に基づき判定する。

第3条　国家による所有，あるいは国有資産管理部門からの董事，高級管理職員の派遣は，本公告第2条の第(一)項から(五)項の関係のいずれかに該当する場合であっても関連関係とはみなさない。

第4条　関連取引とは以下の類型を含む。

(一) 有形資産の使用権あるいは所有権の譲渡：有形資産には，商品，製品，建物建築物，車両運搬具，機器設備，工具等が含まれる。

㈡　金融資産の譲渡：金融資産には，売掛金，受取手形，貸付金，その他未収入金，持分投資，債権投資および金融派生商品により形成される資産等が含まれる。

㈢　無形資産の使用権あるいは所有権の譲渡：無形資産には，特許，非特許技術，商標権，ブランド，顧客名簿，販売チャネル，フランチャイズ権，政府許認可，著作権等を含む。

㈣　資金融通：各種長短期資金の貸借（グループ内キャッシュプーリングを含む），担保保証費，および各種利付前払金や延払金等を含む。

㈤　役務提供：市場調査，販路拡大，代理，設計，コンサルティング，行政事務，技術サービス，条件付研究開発，修理，法務サービス，財務管理，監査，招聘，訓練，集中購買等を含む。

第５条　下記の一に該当する居住者企業は，年度関連取引報告表を提出するに際して，《国別報告表》も記入すること。

㈠　当該居住者企業が多国籍企業グループの最終親会社であり，前年度の連結財務諸表の各種収入合計が55億元を超える場合

　　最終親会社とは，その傘下にある多国籍企業グループのすべての構成メンバーの財務諸表を連結することができ，かつ他の企業の連結財務諸表に組み込まれない企業を指す。

　　構成メンバーとは以下のものを含む。

　　１．実際にすでに多国籍企業グループの連結財務諸表に組み込まれているもの

　　２．多国籍企業グループが当該実体の持分を有し，公開証券市場の要求に基づき組み込むべきであるが実際には未だ組み込んでいない多国籍企業グループの財務諸表を構成するもの

　　３．業務規模あるいは重要性の程度のみを理由として多国籍企業グループの連結財務諸表から除外されるもの

　　４．独立計算を行い財務諸表を作成する恒久的施設

㈡　多国籍企業グループの指定を受けて国別報告書を提出する当該居住者企業

　　国別報告書は主として最終親会社の所属する多国籍企業グループのすべての構成実体の全世界所得，納税額および業務活動の国別分布状況を開示するものである。

第６条　最終親会社が中国居住者企業の多国籍企業グループであり，その情報が国家の安全に及ぶものである場合，国家の関連規定に基づき国別報告書の一部ある

いはすべての項目の記載を免除する。
第7条　税務機関はわが国が諸外国と署名した協定等に基づき国別報告書の情報を交換する。
第8条　企業が本公告の第5条に規定する国別報告書の作成範囲には含まれないが，その所属する多国籍企業グループが他国の関連規定に基づき国別報告書を準備しており，下記の一に該当する場合，税務機関は特別納税調査時に企業に国別報告書の提出を求めることができる。
　㈠　多国籍企業グループがいかなる国にも国別報告書を提出していない。
　㈡　多国籍企業グループが他国に国別報告書を提出済みであるが，わが国と当該国との国別報告書情報交換体制が整っていない。
　㈢　多国籍企業グループが他国に国別報告書を提出済みであり，かつわが国と当該国との国別報告書情報交換体制が整っているが，わが国に実際に国別報告書が成功裏に引き渡されていない。
第9条　企業が規定の期限内に年度関連取引報告表を提出することが困難であり，延期が必要な場合，徴管法および同実施細則の関連規定に従って処理する。
第10条　企業は税法実施条例第114条の規定に従って，納税年度ごとに関連取引同期資料を準備し，税務当局の求めに応じて提出する。
　　同期資料には，マスターファイル，ローカルファイルおよび特定事項ファイルがある。
第11条　下記の一に該当する企業はマスターファイルを準備すること。
　㈠　年度内に国外関連取引が発生しており，かつ当該企業の財務諸表を連結する最終親会社の所属する企業グループがマスターファイルを作成している場合
　㈡　年度関連取引が10億元を超える場合
第12条　マスターファイルは主に，最終親会社の所属する企業グループのグローバル業務の全体状況を開示するものであり，以下の内容を含む。
　㈠　組織構成
　　　図表形式によるグループの全世界レベルでの組織構成，持分関係および構成メンバーの地理的分布の説明。構成メンバーとは企業グループ内の経営単位であり，法人企業，パートナー企業，恒久的施設等を含む。
　㈡　企業グループの事業
　　1．企業グループの事業の記述。利益を生み出す重要な価値創造の要因を含む。
　　2．企業グループの営業収入の上位5位および営業収入の5％を超える製品あるいはサービスのサプライチェーンと主たるマーケットの地理的分布状況。

サプライチェーンの状況は図表形式により説明することもできる。
3．企業グループ内での研究開発業務以外の重要な関連役務とその簡単な説明。説明には，役務提供側の提供サービス能力の説明，役務原価の按分計算と関連役務対価の決定における価格設定方針を含む。
4．企業グループ内の各構成メンバーの価値創造方面における主たる貢献。実施する重要な機能，負担する重要なリスク，および使用する重要な資産を含む。
5．企業グループの会計年度内に発生した組織再編，業務再編，グループ内での機能，リスク，資産の移転。
6．企業グループの会計年度内に発生した企業の法的形式の改変，債務整理，持分買収，資産買収，合併，分割等の再編業務。

(三) 無形資産
1．企業グループの開発し運用する無形資産および無形資産の所有権帰属における全体戦略。ここには主たる研究開発機構の所在地と研究開発管理活動の発生地ならびに主たる機能，リスク，資産および人員の状況を含む。
2．企業グループにおける移転価格アレンジメントに顕著な影響をもたらす無形資産あるいはその組み合わせおよびその所有権者。
3．企業グループにおける各構成メンバーとその関連者との無形資産に関する重要な契約のリスト。重要な契約には，コストシェアリング契約，主要な研究開発サービス契約および使用許可契約等が含まれる。
4．企業グループにおける研究開発活動および無形資産に関連する移転価格政策。
5．企業グループの会計年度内における重要な無形資産の所有権および使用権の関連取引状況。譲渡関連企業名，国名および譲渡対価等を含む。

(四) 融資活動
1．企業グループ内における各関連者の間の資金融通および非関連貸付者との主たる資金融通。
2．企業グループ内における資金プーリング機能の構成メンバーの状況。当該企業の登録地および実際管理機構の所在地を含む。
3．企業グループ内における各関連者の間の資金融通の全体的な移転価格設定方針。

(五) 財務および税務の状況
1．企業グループの直近1会計年度の連結財務諸表。

2．企業グループ内の各構成メンバーの締結したユニラテラル事前確認協議，ならびに国家間の所得配分に関連する他の税務裁定リストとその概要説明。
3．国別報告書の報告企業名およびその所在地。

第13条　年度関連取引が下記の一に該当する企業はローカルファイルを準備すること。

㈠　有形資産所有権譲渡金額（来料加工業務は年間の輸出入金額をもって計算する）が2億元を超える。
㈡　金融資産譲渡金額が1億元を超える。
㈢　無形資産所有権譲渡金額が1億元を超える。
㈣　その他関連取引が4,000万元を超える。

第14条　ローカルファイルは主として企業の関連取引の詳細情報を開示するものであり，主に以下の内容を含む。

㈠　企業の概況
1．組織構成：各職能部門の設置，職責の範囲および従業員数。
2．管理機構：当地管理層のレポーティングラインおよびその主たる所在地。
3．業界の記述：所属する業界の発展状況，産業政策，制約等の影響および業界の主要な経済的および法務的な問題，主要競合先。
4．経営戦略：各部門，業務プロセスにおける実施業務フロー，運営方式，価値創造の要因等。
5．財務データ：類型別の業務・製品の収入，原価，費用および利潤。
6．企業の関与するあるいは重要な景況を及ぼす再編あるいは無形資産の譲渡の状況，およびその影響分析。

㈡　関連関係
1．関連者情報：企業の持分を直接あるいは間接的に有する関連者および企業と取引のある関連者の名称，法定代表者，高級管理人員の構成，登録場所，実質経営場所，および関連個人の氏名，国籍，居住地等。
2．上記関連者に適用される所得税的性質を有する税の種別，税率および享受する税務優遇政策。
3．本年度内における企業の関連関係の変動状況。

㈢　関連取引
1．関連取引の概況
（1）関連取引の記述および明細：関連取引契約およびその履行状況の説明。取引対象物の特性，関連取引類型，参与者，時期，金額，決済通貨，取引

条件，貿易形式，および関連取引と非関連取引との異同等。
　(2) 関連取引フロー：関連取引の情報，物流，資金の各フローおよび非関連取引との異同。
　(3) 機能リスクの記述：企業および関連者が各種関連取引で担う機能とリスク，使用する資産。
　(4) 取引価格決定要素：関連取引に関係する無形資産とその影響，ロケーションセービング，マーケットプレミアム等の地域特殊要因。地域特殊要因には，労働力原価，環境原価，市場規模，市場競争の程度，消費者購買力，商品あるいは労務の代替可能性，政府規制等の分析を要する。
　(5) 関連取引データ：各関連者，各関連取引別の取引金額。関連取引および非関連取引の収入，原価，費用および利益を切り出し，直接配賦ができない場合には，合理的な比率で配賦し，その配賦比率の根拠を説明する。
２．バリューチェーン分析
　(1) グループにおける業務，物流，資金の各フロー：商品，労務，あるいはその他取引対象における，設計，開発，生産製造，営業，販売，引渡し，決済，費消，アフターサービス，リサイクル等各段階およびその関与者。
　(2) 上記各段階の参与者の直近年度の財務諸表。
　(3) 企業が創造する価値貢献における地域特殊要因の定量化とその帰属。
　(4) グループ利益のグローバル・バリューチェーンにおける配分原則およびその結果。
３．対外投資
　(1) 対外投資基本情報：対外投資項目の投資地域，金額，主要業務および戦略。
　(2) 対外投資項目概況：対外投資項目の投資スキーム，組織，高級管理職員の雇用方式，項目決定権限の帰属。
　(3) 対外投資項目データ：対外投資項目の運営データ。
４．関連持分譲渡
　(1) 持分譲渡の概況：譲渡の背景，参与者，時期，対価の決定方法，支払方式および持分譲渡に影響するその他の要素。
　(2) 持分譲渡対象の関連情報：対象会社の所在地，譲渡者の持分取得の時期，方式および取得原価，持分譲渡収益等の情報
　(3) デューディリジェンス報告書あるいは資産評価報告書等の持分譲渡関連のその他情報。

5．関連役務
  (1) 関連役務の概況：役務提供者および受益者，提供役務の内容，特性，提供方式，対価決定方式，支払方式および役務提供後の各者の受益状況等。
  (2) 役務原価の集計方法，項目，金額，配分基準，計算過程および結果。
  (3) 企業および属する企業グループと非関連者との間に同等のあるいは類似する役務取引がある場合の，関連役務と非関連役務の対価決定原則と結果に関する異同の詳細な説明。
6．企業の関連取引に直接関係する，中国以外の他国の国家税務主管当局と締結した事前確認協議およびその他税務裁定
(四) 比較可能性分析
1．比較可能性分析で考慮すべき要素：取引される資産および役務の特性，取引各方の機能，リスク，資産，契約条項，経済環境，経営戦略等
2．比較する企業の果たす機能，負担するリスクおよび使用する資産の関連情報
3．比較対象の選定方法：情報の取得源，選定条件および理由
4．入手した内部あるいは外部比較取引可能な独立企業間取引情報と比較する企業の財務情報
5．比較データの差異調整および理由
(五) 移転価格算定方法の選択および使用
1．検証対象企業の選定と理由
2．移転価格算定方法の選択および理由：いかなる方法を選択したとしても，企業のグループ全体利潤または残余利益に対する貢献度合いを記述すること
3．比較可能な非関連取引価格あるいは利益の確定の過程における仮定と判断
4．合理的な移転価格算定方法の運用と比較分析結果に基づき比較可能な非関連取引価格あるいは利潤を確定する
5．その他移転価格算定方法選定にあたり参考とした資料
6．関連取引価格設定が独立企業取引原則に合致しているか否かの分析と結論

第15条　特定事項ファイルには，コストシェアリング特定事項ファイル，過少資本特定事項ファイルを含む。企業がコストシェアリング協議に署名あるいは実行するに際してはコストシェアリング協議特定事項ファイルを準備すること。

　企業の関連者借入金対自己資本比率が標準比率を超過する場合においては，過少資本特定事項ファイルを準備すること。

第16条　コストシェアリング協議特定事項ファイルは以下の内容を含む。

㈠　コストシェアリング協議書の複写
　㈡　各参与者の間で合意されたコストシェアリング協議実施のためのその他協議書
　㈢　非参与者の協議成果の使用状況，支払金額および方式ならびに支払金額の参与者間での配分方式
　㈣　本年度のコストシェアリング協議参与者への加入および退出状況：加入者および退出者の名称，所在国，関連関係，加入で支払うあるいは退出で補償する金額と形式
　㈤　コストシェアリング協議の変更あるいは終了状況：変更あるいは終了の原因，すでに形成された協議の成果の処分あるいは分配
　㈥　本年度のコストシェアリング協議の実施で発生した原価総額および構成状況
　㈦　本年度の各参与者のコストシェアリング状況：原価の支払額，形式および対象，負担するあるいは貰い受ける補償支払の金額，形式および対象
　㈧　本年度の協議予測収益と実際収益の比較および形成された差異の調整方法
　㈨　予測収益の計算：予測収益計量パラメータの選定，計算方法および変更理由
第17条　過少資本特定事項ファイルは以下の内容を含む。
　㈠　企業の返済能力，起債能力に対する分析
　㈡　企業グループの起債能力と融資構成状況分析
　㈢　企業の登録資本金等権益投資の変動状況説明
　㈣　関連債権投資の性質，目的および取得時の市場状況
　㈤　関連債権投資の通貨，金額，利率，期限および融資条件
　㈥　非関連者が上記の融資条件，融資金額および利率を望んで受け入れるか否か
　㈦　企業の債権性投資を受けるために提供する担保の状況，条件
　㈧　保証人の状況および保証条件
　㈨　同期同類の借入金の利率状況および融資条件
　㈩　転換社債の転換条件
　(十一)　その他独立取引原則を証明しうる資料
第18条　企業が事前確認協議の実施中である場合，事前確認に関連する関連取引のローカルファイルおよび特定事項ファイルを準備する必要はなく，かつ関連取引金額は本公告第13条に規定する関連取引金額の範囲に含めない。
　　　企業が国内関連者との間にのみ関連取引を有する場合においては，マスターファイル，ローカルファイル，特定事項ファイルの作成を免除する。
第19条　マスターファイルは企業グループの最終親会社の会計年度終了の日から12

か月以内に完成させること。ローカルファイルおよび特定事項ファイルは関連取引の発生年度の翌年6月30日までに完成させること。同期資料は税務機関の求めがあってから30日以内に提出すること。

第20条　企業が不可抗力のため期限までに同期資料を提出できない場合，当該不可抗力が除去された後の30日以内に同期資料を提出すること。

第21条　同期資料は中国語を使用し，かつ引用した情報・資料の出所来源を明記する。

第22条　同期資料には会社印を押印し，法定代表者あるいは法定代表者より権限を与えられた者による署名あるいは捺印を必要とする。

第23条　企業の合併，分割においては，合併，分割後の企業が同期資料を保存する。

第24条　同期資料は税務機関の要求する完成日から10年間保存する。

第25条　企業が関連規定に基づき関連申告を行い，同期資料および関連資料を提出している中で税務機関が特別納税調査を実施し税額を徴収するにあたっては，税法実施条例第122条の規定に従い，税額の帰属納税年度の中国人民銀行の交付する追納機関と同期間の人民元貸出基準利率をもって滞納利息を計算する。

第26条　香港台湾地区の企業については，本公告の関連規定を参照して処理する。

第27条　本公告は2016年度およびそれ以降の会計年度に適用する。《特別納税調整実施弁法（試行）》（国税発（2009）2号通達）の第2章，第3章，第74条および第89条，《中華人民共和国企業年度関連取引報告表》（国税発（2008）114号通達）は廃止する。

以上ここに公告する。

《特別納税調整実施弁法（試行）》
（国税発（2009）2号通達）

目次

第1章　総則
第2章　（廃止）
第3章　（廃止）
第4章　移転価格算定方法
第5章　移転価格調査および更正
第6章　事前確認協議
第7章　コストシェアリング協議
第8章　特定外国子会社の管理
第9章　過少資本管理
第10章　一般租税回避の防止
第11章　対応的更正および相互協議
第12章　法的責任
第13章　付則

第1章　総則

第1条　特別納税更正管理を規範化し，業務の品質と効率を高めるため，《中華人民共和国企業所得税法》（以下，「税法」と略称）第6章第41条から48条および同実施条例（以下，「税法実施条例」と略称）の第6章第109条から123条の規定，《中華人民共和国税収徴収管理法》（以下，「税収徴収管理法」と略称）第36条および同実施細則（以下，「税収徴収管理法実施細則」と略称）第51条から第56条の規定，また，わが国政府と他国（特別行政区）政府間の協定による租税条約（あるいは協定）（以下，「租税条約」と略称）の関連規定に基づき，わが国の関連企業間取引の税務管理の具体的な実践を結合させ，国際間における通常の方法を参考として，本規程を制定する。

第2条　本規程は移転価格，過少資本，特定外国子会社，一般租税回避防止等，特別納税更正管理において適用する。

第3条　移転価格の税務管理とは，税務機関が企業の申告および提供した関連資料に基づき，企業とその関連者間取引（以下，「関連取引」と略称）が独立企業間取引原則に合致しているかどうかを評価し，調査，更正を行う作業の総称であり，コストシェアリング協議および事前確認協議の管理を含む。

第4条　過少資本の管理とは，税務機関が税法第46条の規定に基づき，企業が関連者から受ける債権性投資および資本性投資の比率が規定の比率および独立企業間取引原則に合致しているか，評価および調査，更正等を行う作業の総称である。

第5条　特定外国子会社の管理とは，税務機関が税法第45条の規定に基づき，特定外国子会社の利益の不配当あるいは過少配当における合理性に対して行う評価，調査および内国企業に帰属すべき所得に対する更正等の作業の総称である。

第6条　一般租税回避防止管理とは，税務機関が税法第47条の規定に基づき，企業が合理的な商業目的を有さないその他の取引を実施し，課税収入あるいは所得額を減少せしめる行為に対して行う評価および調査，更正作業の総称である。

第4章　移転価格算定方法

第22条　関連取引を有する企業と税務機関は，関連取引の審査，評価において，独立企業間取引原則に従い，合理的な移転価格算定方法を選定する。

　　税法実施条例第111条の規定に基づき，移転価格算定方法には，独立価格比準法，再販売価格基準法，原価基準法，取引単位営業利益法，利益分割法およびその他独立企業間取引原則に合致する方法がある。

第23条　合理的な移転価格算定方法を選択する際には，比較分析を行わなければならない。比較分析には，主に以下の5項目が含まれる。

　㈠　取引する資産あるいは役務の特性：有形資産の物理的特性，品質，数量等。役務の性質および範囲，無形資産の類型，取引形式，期限および範囲，予想収益など。

　㈡　取引各方の機能およびリスク：機能は主に，研究開発，設計，購買，加工，据付け，製造，在庫管理，卸売，アフターサービス，広告，輸送，在庫管理，融資，財務，会計，法律および人事管理などが含まれる。機能を比較する際，企業が機能を果たすことにあたって用いられる資産の類似性に注目する必要がある。リスクは主に，研究開発リスク，購買リスク，生産リスク，卸売リスク，市場宣伝リスク，管理および財務リスクなどが含まれる。

　㈢　契約条項：取引内容，取引数量，価格，代金の決済方法および条件，引渡条件，アフターサービスの範囲および条件，付随提供役務の約定，契約内容の変

更・修正の権利，契約有効期間，契約の終止あるいは継続の権利。
㈣ 経済環境：業界概況，地理的区域，市場規模，市場階層，市場占有率，市場の競合度合，消費者の購買力，商品あるいは役務の代替可能性，生産資源価格，輸送コスト，政府の管理統制など。
㈤ 経営戦略：創造および開発戦略，多角化経営戦略，リスク回避策略，市場占有戦略など。

第24条 独立価格比準法では，非関連者間で行われた関連取引と同様あるいは類似した業務活動（以下，「比較可能な独立取引」という）により受け取る価格を独立企業間取引価格とする。

比較分析では，関連取引および非関連取引の取引資産あるいは役務の特性，契約条項および経済環境における差異を十分に考慮し，取引類型に応じて，具体的に以下のとおりまとめる。
㈠ 有形資産の売買または譲渡
　1．売買または譲渡の過程：取引の発生時期と場所，引渡条件，引渡手続，支払条件，取引数量，アフターサービスの期間および場所等
　2．売買または譲渡の段階：出荷段階，卸売段階，小売段階，輸出段階等
　3．売買または譲渡の対象物：品名，ブランド，規格，型番号，性能，構造，外型，包装等
　4．売買または譲渡の環境：民族風俗，消費者の嗜好，政治の安定度および財政，税収，為替政策等
㈡ 有形資産の使用
　1．資産の性能，規格，型番号，構造，類型，減価償却方法等
　2．使用権の提供期日，期間，場所等
　3．資産所有者の資産に対する投資金額，メンテナンス費用等
㈢ 無形資産の譲渡および使用
　1．無形資産の分類，用途，適用業種，予測収益等
　2．無形資産の開発投資，譲渡条件，独占度合，国家の関連法令に保護される度合および期間，譲受原価および費用，機能・リスク状況，代替可能性等
㈣ 資金融通：融資金額，通貨，期限，保証，融資者の信用，返済方式，利息算定方法等
㈤ 役務提供：役務の性質，技術的要求，専門性の水準，責任負担，支払条件と方式，直接・間接コスト等
　関連取引と比較可能な独立取引との間に上記方面において重大な差異が存在

する場合，その差異が価格に与える影響を合理的に更正し，更正ができない場合は，本章規定に従い，他の合理的な移転価格算定方法を採用する。

独立価格比準法はすべての関連取引類型に適用が可能である。

第25条　再販売価格基準法では，関連者からの購入商品を非関連者へ再販売した価格から，比較可能な独立取引の粗利益を控除した金額を購入商品の独立取引価格とする。当計算方式は以下のとおりである。

独立取引価格
＝非関連者への再販売価格×（1－比較可能な独立取引の粗利率）

比較可能な独立取引の粗利率
＝比較可能な独立取引の粗利益÷比較可能な独立取引の純収入×100％

比較分析は，販売，広告およびサービス機能，在庫リスク，機器，設備の価値および使用年数，無形資産の使用および価値，卸売あるいは小売段階，商業経験，会計処理および管理の効率等を含む，関連取引と非関連取引の機能・リスクおよび契約条項における差異および粗利率に影響するその他要因を十分に考慮する必要がある。

関連取引と非関連取引との間に，上記各項に重大な差異が存在する場合，当該差異が粗利率に与える影響を合理的に更正し，更正できない場合は，本章規定に基づく，他の合理的な移転価格算定方法を採用する。

再販売価格基準法は通常，再販売者の商品に対する外型，性能，構造の変更，あるいは商標の交換など実質的な付加価値のある加工をしない単なる簡単な加工であるか，または単純な売買取引に適用する。

第26条　原価基準法は，合理的な原価に比較可能な独立取引の粗利益を加算したものを独立取引価格とする。その計算方式は，以下のとおりである。

独立取引価格
＝合理的な原価×（1＋比較可能な独立取引のマークアップ率）

比較可能な独立取引のマークアップ率
＝比較可能な独立取引の粗利益÷比較可能な独立取引の原価×100％

比較分析では，関連取引と非関連取引の間の機能・リスクおよび契約条項における差異およびマークアップ率に影響するその他の要因を十分に考慮する必要がある。具体的には，製造，加工，据付けおよびテスト機能，市場および為替リスク，機器・設備の価値および使用年数，無形資産の使用および価値，商業経験，会計処理および管理の効率等が含まれる。

関連取引と非関連取引の間に，上記各項において重大な差異が存在する場合，

その差異がマークアップ率に与える影響を合理的に更正し，合理的に更正できない場合は，本章規定に基づき他の合理的な移転価格選定方法を採用する．

　　原価基準法は通常，有形資産の売買，譲渡および使用，役務提供あるいは資金融通の関連取引に適用する．

第27条　取引単位営業利益法は，比較可能な独立取引における利益率指標により関連取引の純利益を確定する．非関連取引における利益率指標には，資産収益率，営業利益率，総コストマークアップ率，ベリー比率等が含まれる．

　　比較可能性分析は，関連取引および非関連取引間の機能・リスクおよび経済環境における差異およびその他営業利益に影響する要因を十分に考慮する必要がある．具体的には，果たしている機能，負担するリスク，使用する資産，業界および市場状況，経営規模，経済サイクルおよび製品ライフサイクル，また原価，費用，所得および資産の各取引単位間における配賦，会計処理および経営管理の効率等が含まれる．

　　関連取引と非関連企業取引間に，上記各項において重大な差異が存在する場合，その差異が営業利益に与える影響を合理的に更正し，更正できない場合は，本章規定に基づき，他の合理的な移転価格算定方法を採用する．

　　取引単位営業利益法は通常，有形資産の売買，譲渡および使用，無形資産の譲渡および使用，役務提供等の関連取引に適用される．

第28条　利益分割法は企業とその関連者が関連取引により生じた合算利益を，合算利益の発生に貢献する度合に応じて，各参与者に分配する．利益分割法は寄与度利益分割法と残余利益分割法に分けられる．

　　寄与度利益分割法は，関連取引の各参与者が果たす機能，負担するリスクおよび使用する資産に基づき，各参与者の取得すべき利益を確定する．

　　残余利益分割法は，関連取引の各参与者の合算利益から各参与者に分配すべき通常の利益を差し引いた残額を残余利益とし，残余利益に対する貢献度に応じて各参与者に分配する．

　　利益分割法を選定する際，取引の各参与者の果たす機能，負担するリスクおよび使用する資産，また原価，費用，所得および資産の各参与者間における分配，会計処理，各参与者の残余利益に対する貢献度を確定する際に利用する情報および前提条件の信頼性等を十分に考慮する必要がある．

　　利益分割法は通常，関連取引が高度に結合し，かつ各参与者の取引結果の単独評価が困難である場合に適用される．

第29条　本章規定の移転価格算定方法を単独で使用できなかった場合，いくつかの

方法の併用あるいはその他独立企業間取引原則に合致する方法を採用することができる。

第5章　移転価格調査および更正

第30条　税務機関は税収法律，法規および本規程の規定に基づき，調査対象企業を確定し，移転価格調査，更正を行う権利を有する。被調査企業は事実に基づいて取引状況を報告し，関連資料を提出しなければならず，これを拒絶あるいは隠蔽してはならない。

第31条　以下の条件に該当する企業を対象とし，移転価格調査を行う。

　㈠　関連企業との取引金額が大きいあるいは取引類型が多い企業
　㈡　長期にわたり損失あるいは少額の利益を計上している，または利益変動が激しい企業
　㈢　同業と比べて利益水準が低い企業
　㈣　グループ内他社との比較で，利益水準が低い企業
　㈤　利益水準とその負担する機能・リスクとが明らかに対応しない企業
　㈥　タックスヘイブン国／地域に設立された関連企業と取引のある企業
　㈦　規定に従う関連申告あるいは移転価格文書／資料の準備を行っていない企業
　㈧　その他独立企業間取引原則に明らかに反している企業

　　実際の負担税が同様である国内関連者間の取引は原則，移転価格調査・更正の対象にならない。

第32条　税務機関は日常の徴収管理業務に加え，計画的に資料審査を行い，調査対象企業を選別する。資料審査については，被調査企業が過去に提出した年度所得税申告資料および関連取引報告表等の納税資料をもとに，企業の生産経営状況，関連取引等の状況を総合的に分析評価する。

第33条　税務機関は税収徴収管理法第4章およびその実施細則第6章，税法およびその実施条例第6章の規定に基づき，選定した調査対象企業に対して現場調査を行う。

　㈠　現場調査に参加する人員は2名あるいは2名以上とし，《税務検査証》を提示し，《移転価格調査通知書》を交付しなければならない。
　㈡　現場調査は必要に応じて法定手順に基づき，聴取，帳簿資料の取り寄せ，実地検証などの方式を採用できる。
　㈢　当事者に聴取する際，《聴取調査記録》を作成する人員を配置し，事実でない情報を提供する場合の法的責任を当事者に告知する。《聴取調査記録》は当事者

に確認させる。

(四) 帳簿および関連資料の取り寄せについては，税収徴収管理法実施細則第86条の規定に基づき，《帳簿資料取寄通知書》，《帳簿資料取寄リスト》を記入し，関連する法定手続を済ませたうえ，帳簿資料を取り寄せ，きちんと保管し，法定期限までに返却しなければならない。

(五) 現場調査の過程において発見した問題，状況については，調査員により《調査記録》に記入する。《調査記録》には2名あるいは2名以上の調査員が署名し，必要に応じて被調査企業に確認させる。被調査企業が署名を拒絶した場合は，2名あるいは2名以上の調査員が共同で署名確認し，保存する。

(六) 案件に関連する資料を要求する場合，写真，ダビングおよびコピーをとることができるが，原本の保存者と出所を明記しなければならない。原本の保存者が「原本と照合して誤りがない」旨を注記し，捺印および署名をする。

(七) 証人の証明が必要な場合，事実でない情報を提供する場合の法的責任を証人に事前告知する。証人の証言資料は本人の署名および捺印が必要である。

第34条　税法第43条第2項，税法実施条例第114条の規定に基づき，税務機関は移転価格調査時に，企業とその関連者および関連取引調査に関係するその他企業（以下，「比較企業」と略称）に関連資料の提供を求めることができ，書面で《関連取引に関する資料の提供に関する通知》を交付しなければならない。

(一) 企業は通知で規定される期限までに関連資料を提供しなければならず，特殊な状況により期限までに提出できない場合，税務機関に書面で延期申請を提出し，承認を受けた後，提出期限を延長することができるが，最長延長期限は30日以内とする。税務機関は企業の延期申請を受け取った日から5日以内に回答しなければならず，期限を過ぎた，あるいは未回答の場合は，税務機関は延長申請に同意したものとみなされる。

(二) 企業の関連者および比較企業は税務機関と約定した期限内に関連資料を提出しなければならず，その約定期限は通常，60日以内とする。

　　企業，その関連者および比較企業は税務機関の要求に応じて，真実かつ完全な関連資料を提供し，海外資料については，公証機関の証明を同時に提出するものとする。

第35条　税務調査人員は本規程第2章の関連規定に基づき，企業の申告情報を事実確認のうえ承認し，《関連関係認定表》，《関連取引認定表》および《企業比較可能性要素分析表》を記入して，被調査企業に照合確認させる。

第36条　移転価格調査において，関連者および比較企業に証拠資料を求める場合，

主管税務機関は《移転価格調査における証拠資料要請通知書》を交付したうえ，調査，証拠資料の収集を行う。

第37条　税務機関は企業，その関連者および比較企業より提供された資料に審査，分析を行い，実地調査，調査協力の要請および公開情報の閲覧等の方式により確認する。海外の関連資料を入手する必要がある場合は，関連規定に基づいて租税条約の情報交換手続，あるいは我国の海外駐在機関を通じて関連情報を調査，収集することができる。

第38条　税務機関は本規程第4章に規定される移転価格算定方法を用いて，企業の関連取引が独立企業間取引原則に合致しているか分析，評価を行う。比較分析では，できる限り公開情報資料を利用し，比較不可能な要因に対する定量化分析および差異更正を行う。

第39条　税務機関は関連取引を分析，評価する際，調査対象企業と比較対象企業の使用する運転資本の不一致による営業利益の差異を原則的に更正しないものとする。更正が確実に必要な場合は，国家税務局に報告し，承認を受ける。

第40条　関連者の注文に応じて製造加工を行い，経営戦略，製品の研究開発，販売等の機能を負わない企業は，戦略の失敗，稼働不足，製品の滞留等の原因によるリスクおよび損失を負担すべきではなく，通常は一定の利益水準を保つ必要がある。損失が生じた企業では，税務機関が経済分析により，適当な比較対象価格あるいは比較対象企業を選択し，企業の利益水準を確定する。

第41条　関連者間における代金の授受を相互に相殺している場合，税務機関の比較分析時には，相殺された取引を戻して，それぞれ単独で評価するものとする。

第42条　税務機関は企業の利益水準を分析，評価する際，当該企業の利益水準が比較対象企業の利益率レンジの中央値を下回った場合，原則的に中央値を下回らないように更正する。

第43条　企業の関連取引が独立企業間取引原則に合致する場合，税務機関は移転価格調査の結論を出し，《移転価格調査結論通知書》を交付する。

第44条　企業の関連取引が独立企業間取引原則に合致しないため，課税収入あるいは所得が減少している場合，税務機関は以下の手順により移転価格更正を行う。

　㈠　計算，論証および比較分析に基づき，中間更正案を取りまとめ，《移転価格中間更正案》を作成して，内部関連部門あるいは審議チームの審査を受ける。審議内容を記録し，《移転価格更正内部審議記録》を完成させる。

　㈡　審議後の中間更正案をもって，企業と協議する。税務機関と企業はそれぞれ主要協議人を指定し，調査官は《協議内容記録》を作成し，双方の主要協議人

が署名確認する。企業が署名を断った場合，2名以上の調査員が共同で署名確認し，保存する。企業は中間更正案に対し異議がある場合，税務機関の規定する期限までに，追加説明資料を提出しなければならない。税務機関は資料を受領後，真摯に審査し，すみやかに審議決定を出すものとする。
   (三) 審議決定に基づき，企業に《移転価格調査　中間更正通知書》を交付する。企業はその中間更正案に対し異議がある場合，通知書を受領した日から7日以内に書面で申し出る。税務機関は企業の意見を受け，再度協議・審議を行う。企業が期限までに異議を提出しなかった場合，中間更正案に同意したものとみなされる。
   (四) 最終更正案を確定し，企業に《移転価格更正通知書》を交付する。
第45条　企業が規定に従って関連申告あるいは関連資料の提出を行わなかった場合，税務機関は税法およびその実施条例第6章，税収徴収管理法およびその実施細則の関連規定に基づき，企業に対し納税査定を行う権利を有する。
第46条　企業は《移転価格更正通知書》を受領後，規定された期限内に税金および利息を納める。
   (一) 企業が特別に困難な状況にあり，期限までに税金の納付ができなかった場合，税収徴収管理法および同実施細則の関連規定に基づき，延納手続を行う。遅延により延期申請も行わず，かつ税金も納付していない場合，税収徴収管理法および同実施細則，税法および同実施条例の関連規定に基づき，利息および滞納金を加算徴収する。
   (二) 企業の移転価格更正に係る課税収入あるいは所得が，国内外の関連取引において，対応的更正あるいは相互協議を行う必要がある場合，本規程第11章の規定に基づいて処理する。
   (三) 企業は移転価格更正に異議がある場合，まず税務機関の更正決定に基づき税金，利息，滞納金を納める，あるいは相応する担保を提供しなければならない。その後，法律に従い行政不服審査を申請する。行政不服審査の決定に不服の場合は，法律に従い裁判所に提訴することができる。
第47条　税務機関は企業に対し移転価格更正を実施した後，更正対象年度の翌年度から5年間にわたり事後管理を実施する。企業は事後管理期間内において，要求があれば移転価格文書／資料を提供する。税務機関は下記の内容に重点を置いて移転価格文書／資料の分析，評価を行う。
   (一) 企業の投資，経営状況およびその変化の状況
   (二) 企業の納税申告額の変化の状況

㈢　企業の経営成績の変化の状況
㈣　関連取引の変化の状況等
　　税務機関は追跡管理期間中に企業の移転価格問題を再度発見した場合，ただちに事後更正あるいは立案調査等の措置を実施する。

第6章　事前確認協議

第48条　企業は税法第42条および同実施条例第113条，ならびに税収徴収管理法実施細則第53条の規定に基づき，税務機関と自主，平等，信頼の原則に従って，事前確認を協議することができる。事前確認協議は通常，予備会談，正式申請，審査評価，協議，協議書への署名，管理の実施，の6プロセスから構成される。事前確認協議は，国内，二国間および多国間の3種類に分類される。

第49条　事前確認協議は一般に以下の企業に適用される。
㈠　関連取引金額が1億元以上
㈡　実際の経営期間が10年以上
㈢　過去において重大な過少申告状況が生じていない
㈣　規定どおり関連申告を行い移転価格文書/資料を準備，保存している

第50条　事前確認協議は企業が正式申請した年度の翌年から連続2年から5年間の関連取引に適用される。
　　事前確認協議の締結は，税務機関が行う，企業の事前確認申請の提出年度あるいは過去年度における関連取引への移転価格調査に影響を与えない。申請の提出年度あるいは過去年度における関連取引が，事前確認適用年度と同様あるいは類似する場合，企業の申請により，税務機関の批准を受けた後，事前確認協議による価格設定原則および計算方法を，申請の提出年度あるいは過去年度における関連取引の評価および移転価格更正に適用することができる。

第51条　企業は事前確認を申請する前に，税務機関に書面で協議の意向を表明し，税務機関は企業の書面要求に基づいて，事前確認の内容および事前確認協議の実施可能性について企業と予備会談を行う。企業の書面要求に同意しない場合，回答時にその理由を説明する。

㈠　予備会談では，税務機関と企業が以下の内容について検討する。
　1．事前確認の対象とする取引類型，対象年度
　2．確認対象となる関連者および関連取引
　3．企業の過年度における生産経営状況
　4．事前確認に関わる各関連者の機能，リスクに関する説明

5．事前確認協議で確認される方法で，過年度の税収問題を解決するか否か
　　6．その他説明が必要な状況
　㈡　二国間あるいは多国間事前確認協議の場合，税務機関は企業の書面意向を逐次上級機関に報告し，国家税務総局が予備会談を組織し，企業と以下の内容について検討する。
　　1．租税条約締約双方の税務当局へ提出する予備会談の申請状況
　　2．事前確認協議に関わる各関連者の過年度における生産経営および関連取引状況
　　3．事前確認双方の税務当局に提出する事前確認協議において採用する移転価格算定の原則および計算方法
　㈢　予備会談で双方が合意に至った場合，税務機関は合意した日から15日以内に，事前確認協議の関連事項について正式に協議を行うことができる旨を企業に書面で通知する。事前確認の正式協議開始後，事前確認協議を締結するまでの期間において，税務機関と企業の各方とも協議を中止することができる。二国間あるいは多国間事前確認の場合は，締約双方の税務当局の協議を経た上で，協議を中止することができる。
第52条　企業は税務機関からの正式な協議開始通知の受領日から3か月以内に，税務機関に事前確認の本申請書を提出しなければならない。二国間あるいは多国間事前確認の場合，同時に国家税務総局にも報告する必要がある。
　㈠　事前確認の本申請書は以下の内容を含む。
　　1．グループ組織図，企業内部組織構成，関連関係，関連取引の状況
　　2．企業の直近3年間の財務諸表，製品機能および資産（無形資産と有形資産を含む）に関する資料
　　3．事前確認協議に関わる関連取引の種類および対象年度
　　4．関連企業間の機能およびリスクの分担。分担に用いられる機構，人員，費用，資産等の基準
　　5．事前確認協議に適用する移転価格算定の原則と計算方法，ならびに当該原則および方法を裏付ける機能・リスク分析，比較分析および重要な前提条件等
　　6．市場の状況説明，業界の趨勢および競争環境を含む
　　7．事前確認協議有効期間における年度経営規模，経営予測および経営計画等
　　8．事前確認に関係する関連者取引，経営および財務結果に関する情報
　　9．二重課税等の問題が生じるか否か

10. 国内外の関連法律，租税条約等に関わる問題
㈡ 企業は下記の特別な理由により，期限までに書面申請の提出ができなかった場合，税務機関に書面で延期申請を申し入れることができる。
  1．一部資料の準備に特段の時間が必要である
  2．資料に翻訳などの技術的な処理が必要である
  3．その他の非主観的な原因
  　税務機関は企業からの延期申請書を受領後，15日以内に書面で回答しなければならない。期限を過ぎても回答がない場合，企業の延期申請に同意したものとみなされる。
㈢ 上記の申請内容に関わる文書資料および状況説明（選定された移転価格算定の原則および計算方法を裏付け，事前確認協議の条件を充足することを実証するすべての文書資料を含む）は，企業および税務機関とも適切に保管しなければならない。

第53条 税務機関は企業から事前確認に関する本申請書および必要な書類，資料を受領した日から5か月以内に審査と評価を行う。審査と評価の具体的な状況に基づいて，企業に関連資料の追加提出を要求し，審査評価の結論を形成する。二国間あるいは多国間事前確認の審査評価の結論は，国家税務総局に報告し最終審査を受けなければならない。
　特別な状況により，審査評価期限の延長が必要な場合，税務機関はすみやかに企業に書面で通知する。延長期間は3か月を超過しないものとする。
　税務機関は主に以下の内容を審査，評価する。
㈠ 過去の経営状況：企業の経営計画，発展の趨勢，経営範囲等に関する文書・資料を分析，評価し，フィージビリティスタディ，投資予（決）算，董事会決議等を重点的に審査する。経営成績を反映する情報および資料（例えば，財務諸表，監査報告書等）を総合的に分析する。
㈡ 機能およびリスク状況：企業と関連企業の間における供給，生産，輸送，販売等の各段階および無形資産の研究，開発等における各自の貢献度，果たす機能および在庫，与信，為替，営業等に関して負うリスクを分析，評価する。
㈢ 比較対象情報：企業が提出した国内，外の比較価格情報を分析，評価し，比較対象企業および申請企業間の実質的な差異を説明し，更正を行う。比較対象取引あるいは経営活動の合理性を確認できない場合は，選定した移転価格算定の原則および計算方法が審査対象である関連取引および経営状況を公正に反映していることを証明し，かつ関連する財務，経営等の資料が事実に則している

ことを立証する関連文書，資料の追加提出要求を明確に企業へ伝えなければならない。
㈣　重要前提条件：業界の利益獲得能力および企業の生産経営に影響を与える要因とその度合を分析，評価し，事前確認協議に適用する重要な前提条件を合理的に確定する。
㈤　移転価格算定の原則および計算方法：企業が事前確認協議において選定した移転価格算定の原則および計算方法は過去，現在および将来年度の関連取引および関連する財務，経営資料に適用されているか，どのように適用されるか，また法律，法規の規定に合致しているかを分析，評価する。
㈥　予測される独立取引価格あるいは利益のレンジ：選定した比較対象価格，利益率，比較対象企業の取引等の情報をさらに審査，評価し，税務機関と企業双方が受入可能な価格あるいは利益のレンジを算出する。

第54条　税務機関は，国内事前確認の審査，評価の結論を形成した日から30日以内に，企業と事前確認の協議を行わなければならない。意見一致の場合，事前確認協議書の草案と審査評価報告書を合わせて国家税務総局まで報告し審査を受けなければならない。

二国間あるいは多国間事前確認協議は，国家税務総局および租税条約締約相手国の税務当局が協議を行い，意見一致の場合は，協議録に従い事前確認協議書の草案を制定する。

事前確認協議書の草案には下記の内容が含まれる。
㈠　関連者の名称，住所等の基本情報
㈡　事前確認に関わる関連取引および適用年度
㈢　選定した比較対象価格あるいは取引，移転価格算定の原則および計算方法，予測される経営結果の範囲等
㈣　移転価格算定方法の運用および計算の基礎に関連する専門用語の定義
㈤　重要な前提条件
㈥　企業の年度報告，記録の保管，重要な前提条件の変動通知等の義務
㈦　協議の法的効果，文書資料等の情報の機密性
㈧　双方責任条項
㈨　協議の修訂
㈩　異議の解決方法と手順
(十一)　発効日
(十二)　添付書類

第55条　税務期間と企業は国内事前確認協議草案の内容に合意した後，双方の法定代表者あるいは法定代表者より権限を与えられた代表者が国内事前確認協議を正式に締結する。また，国家税務総局と租税条約相手国の税務当局は二国間あるいは多国間事前確認協議草案の内容に合意した後，双方あるいは各邦の税務当局の代表者が二国間あるいは多国間事前確認協議を正式に締結する。主管税務機関は，二国間あるいは多国間事前確認協議に基づき企業と事前確認協議を締結したうえ，実施するものとする。

第56条　税務機関は監督管理制度を確立し，事前確認協議の実施状況を監督する。

　㈠　事前確認協議の実施期間において，企業は協議に関連する文書と資料（帳簿と関連記録等を含む）を完全に保管しなければならず，紛失，処分および移転してはならない。年度終了後5か月以内に，事前確認協議の実施状況に関する年度報告を税務機関に提出しなければならない。年度報告は，報告期間における経営状況を説明し，事前確認協議の内容が正しく遵守されていたことを証明するものであり，事前確認協議に要求されたすべての事項，当事前確認協議を修正あるいは実質的に取り消す必要があるか否かを含む。未解決の問題あるいは発生し得る問題があれば，企業は年度報告で説明しなければならず，税務機関は協議を更新，修正あるいは終了することを決定する。

　㈡　事前確認協議の実施期間において，税務機関は定期的（通常は半年ごと）に企業の履行状況を検査しなければならない。検査内容は主に，企業が協議条項および要求を遵守しているか，協議締結のために提出した資料と年度報告は企業の実際の経営状況を反映しているか，移転価格算定方法が依拠する資料と算定方法は正確であるか，協議に記述された重要な前提条件は有効であるか，企業の移転価格算定方法の運用は重要な前提条件と矛盾しないか，などが含まれる。

　　　企業が事前確認協議の条項を遵守し，かつ協議の条件を満たしていれば，税務機関は事前確認協議に関わる関連取引の移転価格算定の原則および計算方法を認める。企業に協議違反の状況があれば，状況に応じて処理し，場合によっては協議を取り消す。企業に隠蔽あるいは協議実施拒否の兆候があれば，税務機関は事前確認協議実施の第1年度に遡及して，協議を撤回しなければならない。

　㈢　事前確認協議の実施期間において，実際の経営結果が協議で予測した価格あるいは利益のレンジに収まらない状況が発生し，かつ当該状況が協議すべての条項および要求に反するものではない場合，税務機関は上級の税務機関による

承認を得た後，実際の経営結果を協議で確認された価格あるいは利益のレンジ内に更正し，当該企業との間に関連取引を有する各当事者に対して対応的更正を行う。二国間あるいは多国間事前確認協議の場合，逐次，国家税務総局まで報告し，承認を得なければならない。

(四) 事前確認協議の実施期間において，事前確認協議に影響を与える実質的な変化が生じた場合（例えば，重要な前提条件に変化があるなど），企業は変化が生じた日から30日以内に税務機関に書面で報告し，当該変化が事前確認協議に与える影響を詳細に説明するとともに，関連資料を添付しなければならない。非主観的な理由がある場合は，期限を延期することができるが，延長期限は30日を超えてはならない。税務機関は企業の書面報告を受領した日から60日以内に，審査および処理を行う。具体的には，変化の状況審査，事前確認協議条項の修正についての企業との協議，関連条件あるいは実質的な変化が事前確認協議の実施状況に与える影響の度合の確認，合理的な救済方法または事前確認協議の中止等の措置をとることを含む。

(五) 事前確認協議は更新できるが，自動更新はできない。企業は事前確認協議の実施期間が満了する90日前までに，主管税務機関に更新申請を提出すると同時に，確実な証明資料を提出し，期限の到来する事前確認協議に述べられた事実および関連する環境に実質的変化がなく，かつ当該事前確認協議の各条項および約定を一貫して遵守していることを証明しなければならない。税務機関は企業の更新申請を受領してから60日以内に審査・評価および事前確認協議草案の作成を完了し，双方が合意した締結日，場所等の関連事項に基づき，企業との更新手続を完了させなければならない。

(六) 一部の地域の国家税務局および地方税務局と企業が共同で締結した事前確認協議については，実施期間内に企業が国家税務局および地方税務局へそれぞれ事前確認協議の実施状況を反映する年度報告および変化状況報告を提出しなければならない。国家税務局と地方税務局は企業の実施状況に対し，共同検査および審査を行う。

第57条　省，自治区，直轄市および計画単列市に跨がる事前確認協議を締結あるいは執行する場合，国家税務総局は統一的に組織し，協調する。

第58条　税務機関と企業が合意した事前確認協議については，企業がその全条項および約定を遵守し，各地の国家税務局，地方税務局はこれを認可する。

第59条　税務機関と企業が事前確認の予備会談，正式な協議，審査，分析等の全過程において獲得あるいは取得したすべての情報資料については，双方とも守秘義

務を負い，税法および国家機密保持法の関連規定に保護，制約される。税務機関と企業の毎回の会談（予備会談および正式な協議を含む）にあたって，会談内容を書面で記録すると同時に，毎回の会談時に相互に提出した資料の部数と内容を記載し，署名捺印しなければならない。税務機関と企業が予備会談または正式な協議を経ても，事前確認の合意に至らなかった場合は，双方は会談において相互に提出したすべての資料を相手側に返却しなければならない。

第60条　税務機関と企業が事前確認の合意に至らなかった場合，会談，協議の過程において獲得あるいは取得した非事実性の情報（例えば各種の提案，推理，観念および判断等）を，それ以降の事前確認協議に関わる取引の税務調査に利用してはならない。

第61条　事前確認協議の実施および解釈に関して，税務機関と企業との間に相違が生じた場合，双方は協議し，協議によっても解決できない場合には，上級の税務機関あるいは逐次国家税務総局まで報告し，調停を求めることができる。上級の税務機関あるいは国家税務総局の調停結果あるいは決定について，下級の税務機関は実施しなければならない。ただし，企業が受入れられない場合には，事前確認協議の中止について検討しなければならない。

第62条　税務機関は企業との《事前確認協議》の正式な締結日後5日以内に，また《事前確認協議》の実施中に変更，中止，取消し等の状況が生じた後10日以内に，《事前確認協議》の正式書類およびその変更状況の説明を逐次国家税務総局まで届け出なければならない。

第63条　税務機関は二国間事前確認協議の執行状況のフィードバック制度を確立し，国家税務総局と租税条約の相手国の税務当局と定期的に執行結果を交換する。

第7章　コストシェアリング協議

第64条　税法第41条第2項および税法実施条例第112条の規定に基づいて，企業とその関連者間でコストシェアリング協議を締結し，共同で無形資産を開発または譲受し，あるいは共同で役務を提供し，または提供を受ける場合，本章の規定に従うものとする。

第65条　コストシェアリング協議の参与者は開発または譲受した無形資産あるいは労務活動に対し受益権を有し，対応する将来の活動コストを負担する。当該コストは比較可能な条件の下において独立企業が上述の受益権を取得するために支払うコストと等しくなければならない。

　無形資産に関するコストシェアリング協議において，参与者は無形資産の使用

に対してロイヤルティの支払は不要である。

第66条　企業はコストシェアリング協議における無形資産あるいは役務の受益権は，合理的かつ計量可能な予測便益を有し，また合理的な商業上の前提条件および常識を基礎としていなければならない。

第67条　役務に関するコストシェアリング協議は一般にグループ購買およびグループ販売に適用するものとする。企業が役務に関するコストシェアリング協議を締結する際，逐次国家税務総局まで報告し，批准を得なければならない。

第68条　コストシェアリング協議は主に以下の内容を含む。
　㈠　参与者の名称，所在国，関連関係，協議における権利，義務
　㈡　コストシェアリング協議に関わる無形資産あるいは役務の内容，範囲および協議に関わる研究開発または役務活動の具体的な担当者とその職責，任務
　㈢　協議の期限
　㈣　参与者の予測便益の計算方法および前提条件
　㈤　参与者の初期投入コストと継続投入コストの金額，形式，価値確認の方法および独立企業間取引原則に合致する説明
　㈥　参与者の会計方針の運用および変更説明
　㈦　参与者が協議に参加または撤退する場合の手続および処理規定
　㈧　参与者間における補償支払の条件および処理規定
　㈨　協議の修正あるいは終止の条件および処理規定
　㈩　参与者以外の者が協議成果物を使用する場合の規定

第69条　企業はコストシェアリング協議を締結した日から15日以内に，税務機関に届出を行うものとする。

第70条　すでに執行され，かつ一定の資産を形成したコストシェアリング協議に対し，参与者の変更または協議の終止が生じた場合，独立企業間取引原則に従って以下の処理を行う。
　㈠　新規参与者の支払について，新規参与者は既存の協議成果物に対する受益権を取得するために合理的な対価を支払う。
　㈡　元参与者の撤退による補償について，元参与者が協議から撤退し，既存の協議成果物に対する受益権を他の参与者に譲渡することにより合理的な補償を得る。
　㈢　参与者の変更後，各参与者の受益およびコスト分担状況に相応する更正を行わなければならない。
　㈣　協議終止時，各参与者は既存の協議成果物を合理的に配分しなければならな

い。

　企業が独立企業間取引原則に従って上記の状況を処理することができず，課税所得を減少させた場合，税務機関は課税更正の権利を有する。

第71条　コストシェアリング協議の執行期間において，参与者が分担したコストと享受する便益が見合わない場合，実際の状況に応じて各参与者の分担するコストと享受する便益が見合うように補償更正を行う。

第72条　独立企業間取引原則に合致するコストシェアリング協議に関する税務処理を以下のとおり規定する。

　㈠　企業が協議に基づき分担したコストは，協議対象年度において損金算入することができる。

　㈡　補償更正がある場合，補償更正が生じた年度において損金あるいは益金に算入する。

　㈢　参与者加入による支払または撤退による補償は，資産処分に関連する規定に基づき処理する。

第73条　コストシェアリング協議の執行期間において，企業は以下の移転価格文書／資料を準備，保存しなければならない。

　㈠　コストシェアリング協議書のコピー

　㈡　コストシェアリング協議の各参与者がその協議を執行するために締結した他の協議書

　㈢　参与者以外の者による協議成果物の使用状況および支払対価の額

　㈣　本年度におけるコストシェアリング協議への新規参与あるいは撤退状況。参与者の名称，所在国，関連関係，新規参与による支払または撤退による補償の金額，形式を含む。

　㈤　コストシェアリング協議の変更あるいは終了状況。変更あるいは終了の原因，形成した協議成果物に対する処理または配分を含む。

　㈥　本年度においてコストシェアリング協議に基づき発生したコスト総額および構成状況

　㈦　本年度における各参与者のコスト分担状況。支払コストの金額，形式，対象，支払ったあるいは受けた補償支払の金額，形式，対象を含む。

　㈧　本年度における予測便益と実際結果との比較および対応する更正。

第74条　廃止

第75条　企業は本規程第7章に基づき事前確認を利用してコストシェアリング協議を締結することができる。

第76条 コストシェアリング協議の執行期間において，企業は納税年度終了後の5か月以内に，コストシェアリング協議に関する移転価格文書／資料を税務機関に送付しなければならない。

第77条 企業がコストシェアリング協議により実際に分担した研究開発コストに対しては，加算控除を行ってはならない。

第8章 特定外国子会社への管理

第78条 特定外国子会社とは，税法第45条の規定に基づき，内国企業，または内国企業と中国居住者が支配する実効税率が税法第4条第1項で定めた税率の50％を下回る国家（地区）に設立された，合理的な経営上の理由なく配当をせず，あるいは配当を減少させている外国企業を指す。

第79条 納税年度において，いずれの日において外国企業の議決権の10％以上を有する中国内国企業および中国居住者個人（以下，「中国居住者株主」と略称）の特定外国子会社に対する支配には，直接あるいは多段階間接の持株方式がある。

　　中国居住者株主が多段階間接に保有する持分は，各段階の持分比率を乗じて計算する。一方の他方に対する持分が50％を超える場合は100％とみなして計算する。株主の当期みなし配当金は実際の持分比率に基づいて計算する。

第80条 中国居住者株主は年度企業所得税申告の際に，対外投資の情報を提供し，《企業対外投資状況報告表》を送付しなければならない。

第81条 税務機関は中国居住者株主が申告した対外投資情報を取りまとめて審査し，特定外国子会社となる中国居住者株主に《特定外国子会社の居住者株主確認表》を交付し，税法第45条の規定に基づき課税する。

第82条 特定外国子会社と中国居住者株主の納税年度に差異がある場合，みなし配当金所得を特定外国子会社の納税年度終了日が帰属する中国居住者株主の納税年度に計上する。

第83条 中国居住者株主の当期特定外国子会社からのみなし配当金所得は，以下の公式により計算される。

　　　中国居住者株主の当期所得
　　　＝みなし配当金額×実際持株日数÷特定外国子会社の納税年度日数
　　　　×持分比率

第84条 中国居住者株主の当期所得に計上され，すでに国外で企業所得税を納付した税額は，税法の関連規定に基づいて控除することができる。

第85条 特定外国子会社が実際に配当した利益に対し，税法第45条の規定に従いす

でに納税している場合は，中国居住者株主の当期所得に再度益金計上しない。

第86条　中国居住者株主が資料を提供し，特定外国子会社が以下のいずれか一の条件に該当することを証明できる場合，みなし配当金とみなさず，当期所得に計上しないことができる。

　　1．国務院税務主管部門が指定する非低税率国家（地区）の特定外国子会社
　　2．特定外国子会社の経営が実質性を有し，中国の税収を減少させる目的を有さない
　　3．特定外国子会社の年間利益が500万元を上回らない

第9章　過少資本の管理

第87条　税法第46条および税法実施条例第119条の規定に基づき，企業が関連者より受ける債権性融資と投資性投資融資の比率の計算を以下のとおり定める。

　　企業の負債対自己資本比率
　　＝年度各月の平均関連者債権性融資の合計÷年度各月の平均投資性融資の合計
　　うち：
　　各月の平均関連者債権性融資
　　＝（関連者債権性融資の月初残高＋月末残高）÷2
　　各月の平均投資性融資
　　＝（投資性融資の月初残高＋月末残高）÷2

　投資性融資は会計上貸借対照表に記入される所有者権益の金額であり，所得者権益が払込資本金と資本準備金の合計を下回る場合，投資性融資は払込資本金と資本準備金の合計とする。

　払込資本金と資本準備金の合計が払込資本金を下回る場合，投資性融資は払込資本金とする。

第88条　税法第46条でいう利息支出とは，企業が直接または間接的に関連者から受ける債権性融資による利息，保証料，抵当料およびその他利息の性質を有する費用を指す。

第89条　廃止

第90条　課税所得計算において損金不算入となる利息支出は以下の公式により計算される。

　　損金不算入となる利息支出
　　＝関連者への年間支払利息×（1－標準比率÷企業の負債対自己資本比率）

　このうち，標準比率とは，国務院財政税務主管部門が規定する固定比率（以下，

同じ）を指す。
第91条　配当金とみなされる利息支出は以下の公式により計算する。
　　配当金とみなされる利息支出
　　＝国外関連者への年間支払利息×（1－標準比率÷企業の負債対自己資本比率）
第92条　企業の負債対自己資本比率が標準比率を上回る場合，関連取引が発生する年度の翌年6月1日までに以下の移転価格文書／資料を準備し，企業の負債対自己資本比率が独立企業間取引原則に合致することを証明する。
　㈠　借入者の返済能力，起債能力に対する分析
　㈡　借入金の利率，期限，資本転換が独立企業間取引原則に合致することの説明
　㈢　関連融資と非関連融資の条件および利息を確定する比較分析。企業のすべての債権性融資の規模および構成，関連者からの債権性融資の規模および構成，非関連者からの類似の融資を受ける際の条件，関連者からの債権性融資の利率と市場利率との比較などの内容
　㈣　登録資本金，借入金条件などの変更状況
第93条　企業は本規程第3章の規定に基づき，上記の移転価格文書／資料を保存，提供する。
第94条　企業が規定どおり移転価格文書／資料の準備，保存および提供を行わない場合，あるいは移転価格文書／資料が企業の負債対自己資本比率は独立企業間取引原則に合致することを証明できない場合，標準比率を上回る利息支出は，課税所得計算に際して損金不算入とする。

第10章　一般租税回避の防止

第95条　税務機関は税法第47条および税法実施条例第120条の規定に基づき，以下の状況に該当する企業に対し，一般租税回避防止の調査を行うことができる。
　㈠　税収優遇税制を濫用する場合
　㈡　租税条約を濫用する場合
　㈢　会社の組織形式を濫用する場合
　㈣　タックスヘイブン国／地域と頻繁に取引する場合
　㈤　その他合理的な商業上の目的を有さない取引を行う場合（以下，「租税回避行為」と略称）
第96条　税務機関は企業が租税回避行為を行っているかを審査するにあたり，当該行為全体から以下の要素を総合的に考慮しなければならない。
　㈠　行為の形式と実質

(二) 行為の締結時期および執行期間
(三) 行為実現の方式
(四) 行為の税収に与える結果
(五) 行為に関わる各方の財務状況の変化
(六) 行為の各段階あるいは構成部分間の関係

第97条　税務機関は経済的実質から租税回避行為の性質を確定し，企業が租税回避行為により獲得した税務上の利益を取り消し，改めて各参与者の収入，原価費用，所得，損失および控除税額を確認し，分配することができる。

第98条　税務機関は一般租税回避防止に関する調査を行う場合，税収徴税管理法および実施細則の関連規定に基づき企業に《一般租税回避防止に関する調査通知書》を交付する。企業は通知書を受領した日から60日以内に，該当する取引が合理的な商業上の目的を有することを証明する資料を提供しなければならない。企業が規定期限内に資料を提出できない，あるいは提供した資料が合理的な商業上の目的を有することを証明できない場合は，税務機関は把握した情報により納税更正を行うことができ，また企業に《一般租税回避防止に関する更正通知書》を交付する。

第99条　税務機関は一般租税回避防止に関する調査を行う場合，税収徴税管理法第57条の規定に基づき租税回避行為の計画者に関連資料および証明資料の提供を要求することができる。

第100条　一般租税回避防止に関する調査および更正は国家税務総局の批准を得なければならない。

第11章　対応的更正および相互協議

第101条　関連取引を行う一方が移転価格調査により更正を受けた場合，二重課税を回避するため，他方での対応の更正を認める。対応的更正が租税条約国（地区）の関連者に関わる場合，国家税務総局および租税条約締約相手国は租税条約の相互協議に関する規定に基づき協議を行う。

第102条　企業と租税条約締約相手国（地区）の関連者間の取引が国外税務機関による移転価格調査，更正を受けた場合，企業は書面をもって対応的更正を申請するとともに，海外関連者の更正通知書のコピーおよび対応的更正に関連する資料を税務機関に提出することができる。税務機関による審査後，国家税務総局まで送付される。

第103条　企業は，関連者が移転価格更正通知書を受領した日から3年以内に対応的

更正の申請を申出なければならない。3年を超える場合，税務機関は受理しない。
第104条　本章規定にかかわらず，税務機関は企業に対し関連者への利息，リース料，ロイヤルティなどの課税収入または所得の減額更正を実施する場合，すでに徴収された税金を還付しない。
第105条　国家税務総局は本規程の第6章に基づき企業の二国間（多国間）事前確認申請を受け入れる場合，租税条約締約相手国の税務当局と租税条約の相互協議に関する規定に基づき協議する。
第106条　対応的更正あるいは相互協議の結果は国家税務総局が書面により主管税務機関を通じて企業に交付する。
第107条　本規程の第9章に規定される課税所得を計算する際に控除できない利息支出，および配当金とみなす利息支出には本章の対応的更正の規定を適用しない。

第12章　法律責任

第109条　企業が以下の状況のいずれか一に該当する場合，税務機関より期限内に是正する旨の行政命令を受けるとともに，税収徴収管理法第60条，第62条の規定に基づき，2,000元以下の罰金が課される。情状が重大な場合，2,000元以上10,000元以下の罰金が課される。
　1．本規程第2章の規定に基づく税務機関への年度関連取引報告表を送付していない
　2．本規程第3章，第6章，第7章，第8章，第9章および第10章の規定に基づく関連資料を保存，提供していない
第110条　企業は関連取引に関する資料の提出を拒否，または真実でない，不完備な資料を提供し，関連取引の実況を反映しなかった場合，税務機関より期限内に是正する行政命令を受けるとともに，税収徴収管理法第70条およびその実施細則第96条の規定に基づき，10,000元以下の罰金が課される。情状が重大な場合，10,000元以上50,000元以下の罰金が課される。
第111条　税務機関は税法第48条およびその実施条例第121条，122条の規定に基づき，企業に対し特別納税更正を行う場合，2008年1月1日以降に発生する関連取引に関わる更正税額に対し，日割で延滞利息を加算する。
　㈠　利息計算期間は追徴税額の帰属納税年度の翌年6月1日より税金納付（仮納付）日までとする。
　㈡　利率は追徴税額の帰属納税年度の12月31日における追徴期間と同期間の中国人民銀行の人民元貸出基準利率に5ポイントを加算して計算する。

(三) 企業は本規程の規定に基づき移転価格文書／資料およびその他関連資料を提出した場合，前項に定めた人民元貸出基準利率のみにより利息を計算することができる。

(四) 本条により加算される利息は課税所得計算時に損金とすることができない。

第112条　税務機関が特別納税更正を決定し，企業が仮納付を行う場合，追徴税額の帰属年度に応じて仮納付した税額の帰属年度を確定する。また，仮納付日を締切日とし，それぞれ加算利息を計算する。

第113条　企業の特別納税更正により生じた追徴税額および利息は税務機関の更正通知書に規定される期限までに納めなければならない。期限どおり納めなかった場合，税務機関は税収徴収管理法第32条の規定に基づき，期限経過後より10,000分の5の滞納金を日割で加算する。

第114条　企業は税務機関が特別納税更正により追徴する税金，利息に対し異議がある場合，先に税務機関の更正決定に基づき税金，利息および滞納金を納め，または相応する担保を提供する。その後，法に従い行政不服審査を申し立て，行政不服審査の決定に不服の場合は，法に従って人民法院に訴訟することができる。

第115条　企業は税務機関の処罰決定に不服の場合，法に従って行政不服審査を申し立て，あるいは人民法院に訴訟することができる。

　　企業が税務機関の決定に対し期限を過ぎても行政不服審査を申し立てず，人民法院にも訴訟せず，かつ決定を履行しない場合，処分決定を行った税務機関は税収徴収管理法第40条に規定される強制執行措置を実施し，または人民法院に強制執行を申請することができる。

第13章　附則

第116条　各級の国家税務局および地方税務局は企業に対し特別納税更正を行う過程において，コミュニケーションを強化し，必要に応じて連合調査チームを構成して調査する。

第117条　税務機関およびその担当官は国家の関連する機密保持の規定に基づき，企業が提供した資料，情報を保管，使用しなければならない。

第118条　本規程に規定する期限の最終日が法定の休日である場合，当該休日満了の日の翌日を期限の最終日とし，期限内において連続3日間以上の休日がある場合，休日の日数に順延する。

第119条　本規程は国家税務総局が解釈および修訂する。

第120条　本規程は2008年1月1日より施行する。

執筆者紹介

鈴木　康伸（すずき　やすのぶ）

上海ユナイテッドアチーブメントコンサルティング　代表

監査法人トーマツの監査部門および税理士法人トーマツの移転価格部門パートナー，NERAエコノミックコンサルティング中国総代表を経て現職。日系企業の法定監査，企業価値評価，内部統制構築，不正調査，国際税務，移転価格の業務経験を有しており，中国および香港における20年以上の実務経験を融合し，日中ビジネスにおける会計税務を超えた複眼的なコンサルティングを提供しています。日中の税務および移転価格に関する多くの論文があり，税務専門誌である『国際税務』のレギュラー執筆者です。

早稲田大学教育学部卒，日本国公認会計士・税理士・公認不正検査士。

山田　崇弘（やまだ　たかひろ）

アリックスパートナーズLLC　ヴァイス・プレジデント

移転価格コンサルタントとして，米国において活動する日系企業および米国企業向け移転価格サービスの提供の経験を経て，BEPS対応移転価格リスクの評価とソリューションの提案，国際税務プランニングの立案，米国同時文書化サポート，事前確認制度（APA）の申請および合意に至るまでの課税当局との折衝，移転価格ポリシー策定にかかるプランニング等のサービスに従事しています。当社入社以前は，Ernst & Young US LLPに6年半在籍し，移転価格マネージャーとしてさまざまな移転価格コンサルティングプロジェクトに携わりました。

ミネソタ大学大学院税務学修士，学習院大学理学部数学科卒，米国公認会計士（カリフォルニア州）。

福永　啓太（ふくなが　けいた）

アリックスパートナーズLLC　ヴァイス・プレジデント

移転価格税制，独占禁止法，特許法など法規制に係る経済分析のエキスパートとして，移転価格の分野では，不服審判・税務訴訟対応を中心に，市場特殊要因による利益算定，貢献度の算定等，経済分析を駆使したコンサルティングサービスを提供しています。

Department of Economics Ph. D. を取得。

東京大学農学部卒，アイオワ州立大学　Department of Economics.

和波　英雄（わなみ　ひでお）

　アリックスパートナーズ LLC　シニア・アドバイザー

　国税専門官として東京国税局に入局後，国際課税分野に長年取り組んでおり，その所属先は，移転価格調査部門や事前確認審査部門のほか，税務大学校の国際研修担当教授と多岐にわたります。退官後は大手税理士法人の移転価格コンサルティンググループ・ディレクターとして6年にわたり多くの上場企業，外資系企業に，国際税務専門の税理士として，移転価格調査，事前確認，相互協議，移転価格ポリシー構築，移転価格文書化，不服申立て等のサービスを主導的に提供し，移転価格文書化サポートの経験も豊富です。企業内セミナー講師，商工会議所のセミナー講師も数多く務めています。

　早稲田大学法学部卒，税理士。

森　信夫（もり　のぶお）

　EY 税理士法人　パートナー

　経営・経済コンサルタントとして豊富な経験を有し，移転価格問題を中心にグローバル企業では不可欠な，現地パートナーや規制当局との折衝，法令・税務コンプライアンス，国内外での戦略上や運営上の課題解決に幅広く取り組んでいます。また，国内外の法廷における対応，紛争仲裁にも実績があり，日本企業や在日外資企業のために，鑑定書の作成や調査結果の分析などを提供しています。

　経営・経済コンサルタントとしての経験は20年以上に及び，A.T. カーニーのディレクター，NERA エコノミックコンサルティングのシニア・ヴァイスプレジデント，アリックスパートナーズ LLC のマネージング・ディレクターを務めてきました。

　東京大学経済学部卒（産業組織論専攻），ペンシルヴァニア大学ウォートン校にて MBA（ビジネス戦略を主眼としたファイナンス論を専攻）を取得。

所属先法人概要

上海ユナイテッドアチーブメントコンサルティング

　国際税務，移転価格，企業価値評価，組織再編，内部統制の専門的かつ実践的なアドバイスとソリューションを日英中マルチリンガルに提供しています。

　<u>中国，アジアを中心に子会社を有する日系企業向けマスターファイル作成，中国ローカルファイルの作成</u>のほか，不正調査と不正対応内部統制の構築，買収評価，外部董事・監事の派遣など，会計・税務関連業務を幅広くご提供しています。ご質問等は下記までお気軽にお寄せください。

（連絡先）
社名：上海ユナイテッドアチーブメントコンサルティング有限公司
　　　住所：上海市延安中路1440号　アポロビル６Ｆ
　　　電話：中国（＋86）21-6248-6369
URL：http://www.u-achievement.com
代表者 E-MAIL：鈴木康伸（suzuki@u-achievement.com）

アリックスパートナーズLLC

　アリックスパートナーズは北米・欧州・アジアで約1,400名のプロフェッショナルを擁するグローバル企業です。アリックスパートナーズはこれまで，エンロン，ゼネラル・モーターズ，コダックなど，米連邦破産法11条に基づく，いくつもの大規模案件において，リストラクチャリング・アドバイザー，あるいは暫定経営陣に任命されてきた実績を持っています。その一方で，優良企業に対する業績改善や法務コンサルティングにおいても，グローバルなリーディングファームとしての地位を確立しています。

　アリックスパートナーズのサービスは，「経営改善」，「企業再生・リストラクチャリング」，「財務アドバイザリー」，「情報管理サービス」，「組織・リーダーシップ」の５領域に大別されます。

　BEPS対応関連業務では，欧米を含む全世界に展開する日系多国籍企業に向けたグローバル・マスターファイルの作成支援，移転価格ポリシーの構築など幅広い分野でのサービスに対応しています。

（連絡先）
社名：アリックスパートナーズ・アジア・エルエルシー
住所：東京都千代田区丸の内２－４－１　丸の内ビルディング33階
電話：03-5533-4800（代表）
URL：http://www.alixpartners.jp
E-MAIL：info-japan@alixpartners.com

移転価格「マスターファイル」の作成実務

2016年10月10日　第1版第1刷発行

編著者　鈴木　康夫
　　　　山田　崇弘
　　　　森　信伸

発行者　山本　継

発行所　㈱中央経済社

発売元　㈱中央経済グループ
　　　　パブリッシング

〒101-0051　東京都千代田区神田神保町1-31-2
電話　03(3293)3371（編集代表）
　　　03(3293)3381（営業代表）
http://www.chuokeizai.co.jp/
印刷／文唱堂印刷㈱
製本／誠 製 本 ㈱

©2016
Printed in Japan

＊頁の「欠落」や「順序違い」などがありましたらお取り替えいたしますので発売元までご送付ください。（送料小社負担）

ISBN978-4-502-19301-9 C3034

JCOPY〈出版者著作権管理機構委託出版物〉本書を無断で複写複製（コピー）することは，著作権法上の例外を除き，禁じられています。本書をコピーされる場合は事前に出版者著作権管理機構（JCOPY）の許諾を受けてください。

JCOPY〈http://www.jcopy.or.jp　eメール：info@jcopy.or.jp　電話：03-3513-6969〉